el Cid
o herói da Espanha

Pierre Corneille

El Cid
o herói da Espanha

Tradução
Antônio Meurer

Principis

Esta é uma publicação Principis, selo exclusivo da Ciranda Cultural
© 2021 Ciranda Cultural Editora e Distribuidora Ltda.

Traduzido do original em francês
Le Cid

Texto
Pierre Corneille

Editora
Michele de Souza Barbosa

Tradução
Antônio Meurer

Preparação e Revisão
Fernanda R. Braga Simon

Produção editorial
Ciranda Cultural

Diagramação
Linea Editora

Design de capa
Edilson Andrade

Ilustrações
Vicente Mendonça

Imagens
fotobook/Shutterstock.com;
Nejron Photo/Shutterstock.com;
T Studio/Shutterstock.com;
www.freepik.com

Dados Internacionais de Catalogação na Publicação (CIP) de acordo com ISBD

C813c	Corneille, Pierre
	El Cid: o herói da Espanha / Pierre Corneille; traduzido por Antônio Meurer. - Jandira, SP : Principis, 2021.
	128 p. ; 15,50cm x 22,60cm. (Clássicos da Literatura Mundial).
	Título original: Le Cid
	ISBN: 978-65-5552-625-7
	1. Literatura francesa. 2. Tragicomédia. 3. Relacionamento. 4. Sentimentos. I. Meurer, Antônio. II. Título.
2021-0121	CDD 843
	CDU 821.133

Elaborado por Lucio Feitosa - CRB-8/8803

Índice para catálogo sistemático:
1. Literatura francesa 840
2. Literatura francesa 821.133.1-3

1ª edição em 2021
www.cirandacultural.com.br
Todos os direitos reservados.
Nenhuma parte desta publicação pode ser reproduzida, arquivada em sistema de busca ou transmitida por qualquer meio, seja ele eletrônico, fotocópia, gravação ou outros, sem prévia autorização do detentor dos direitos, e não pode circular encadernada ou encapada de maneira distinta daquela em que foi publicada, ou sem que as mesmas condições sejam impostas aos compradores subsequentes.

Esta obra reproduz costumes e comportamentos da época em que foi escrita.

Sumário

Primeiro Ato 9

Segundo Ato..31

Terceiro Ato..61

Quarto Ato 85

Quinto Ato 107

Personagens

Dom Rodrigo, amante de Ximena
Ximena, filha de Dom Gomes
Dom Diogo, pai de Dom Rodrigo
Dom Gomes, conde de Gormaz e pai de Ximena
Dona Urraca, infanta de Castela
Dom Fernando, primeiro rei de Castela
Dom Sancho, enamorado de Ximena
Elvira, aia de Ximena
Leonor, aia da infanta
Dom Árias, fidalgo de Castela
Dom Afonso, fidalgo de Castela
Pajem da infanta

[A história desenrola-se na cidade de Sevilha, na Espanha.]

Primeiro Ato

CENA 1
(Ximena e Elvira)

XIMENA
  Elvira, podes me falar com sinceridade?
  Daquilo que meu pai te disse não me escondas a verdade!

ELVIRA
  Estou entontecida como jamais:
  Ele estima Rodrigo o tanto quanto vós o amais,
  E, se não me engano com os sinais que li em seu espírito,
  Ele vos pedirá que resolvais a todo esse atrito.

XIMENA
  Peço-te que me diga uma segunda vez:
  Pensas que aprova a escolha com tanta sensatez?
  Diz-me novamente que esperança devo ter;
  Com um tão belo discurso não posso me comprometer.
  Tu não podes prometer sobre o fogo de nosso amor
  Da doce liberdade de mostrar ao mundo este ardor.
  O que ele te disse sobre o secreto pedido?
  Dom Sancho ou Dom Rodrigo, para quem será concedido?

PIERRE CORNEILLE

Não o fizeste ver toda essa desigualdade?
Entre os dois amantes, para qual pende a sua lealdade?

ELVIRA

Percebi em seu coração uma indiferença
Sem pender a nenhum dos dois, com qualquer desavença.
Não vi severidade ou doçura para com o preterido,
É um pai aguardando para a filha escolher um marido.
Para ele esse respeito era um deleite. Sua boca e seu rosto
Me deram um digno testemunho de seu pressuposto.
E, já que ainda me pedis para a história ouvir,
Ouvi o que me disse sobre vós e eles avir:
"Ela tem um dever. Ambos são dignos de sua mão,
Tem sangue nobre, coragem, valentia e retidão
São jovens e possuem nos olhos o brilho da virtude
de seus bravos antepassados em toda a sua finitude.
Dom Rodrigo, sobretudo, carrega em seus traços
A altivez do coração de um homem e os laços
De uma família, tão fértil em guerreiros destemidos
Que já nascem em meio aos louros presumidos.
O valor de seu pai, em seu tempo incomparável,
Que por sua força era tido como venerável.
As marcas em seu rosto provam suas glórias
Nos contando prontamente todas as suas histórias.
Através do pai, consigo ver o filho,
E Ximena poderá amá-lo sem meu empecilho."
Mal começou a falar, precisou sair, foi diligente
Pois sua ida até ao conselho era demais urgente.
Poucas palavras disse, mas em seu pensamento
Creio não ter, pelos dois, um discernimento.
O rei deve eleger a seu filho um preceptor
É ele que escolherá tal cargo honroso e instrutor.

El Cid: o herói da Espanha

Não há dúvida quanto à escolha e sua rara vivência
Mas não devemos temer nenhuma divergência.
Como suas grandes façanhas o tornam sem igual,
Numa justa aspiração ele não terá nenhum rival.
Dom Rodrigo, na saída do conselho, a seu pai disse
Referente à questão, para que ele se decidisse.
Eu deixo para vós o julgamento sobre suas ações.
Se tão breve, terá realizado todas as vossas aspirações.

XIMENA

Sinto que minha alma perturbada, no entanto,
Recusa essa alegria, fazendo-me perder tal encanto.
Num segundo o destino muda sua face
E dessa felicidade temo então um grande desenlace.

ELVIRA

Vós ireis ver, felizmente, esse medo exterminado.

XIMENA

Que assim seja. Esperemos o resultado.

— • —

CENA 2
(A infanta, Leonor e o pajem)

INFANTA
    Pajem, vai e avisa Ximena agora.
    Diz a ela que venha sem demora.
    Minha amizade tem estranhado sua ausência.

(O pajem sai.)

LEONOR
    Senhora, todos os dias a mesma persistência.
    Em cada falta dele, eu vejo em vós
    Um questionamento deste amor tão atroz.

INFANTA
    Nada vem do nada: quase o forcei a aceitar
    Em sua alma ferida meu coração pronto a amar.
    Porém, ela ama Dom Rodrigo e o tirou de minha mão.
    Para mim ele triunfou em sua própria ingratidão.
    Os dois amantes estão presos num novelo intrincável.
    Por que quebrar as correntes deste elo indesejável?

El Cid: o herói da Espanha

LEONOR

Senhora, porém em meio ao seu grande sucesso
Vejo em vós aumentar uma tristeza em excesso.
O mesmo amor que cobre o casal de alegria
Causa em vosso coração uma grande sangria.
E esse grande interesse que tendes pelos dois?
Enquanto eles estão contentes, infeliz vós sois.
Mas falei demais, peço perdão por meu zelo.

INFANTA

Meu sofrimento redobra se deixo de dizê-lo.
Por favor, escuta! Escuta o quanto contra isso lutei.
Escuta quantos tormentos em minha vida desfrutei.
O amor é um tirano que não poupa ninguém.
O jovem cavaleiro me faz sofrer com seu desdém.
Pois eu o amo.

LEONOR

Vós o amais!

INFANTA

Coloca tuas mãos sobre o meu coração:
Ao ouvir seu nome ele agita-se de adoração.
Pois ele o reconhece.

LEONOR

Perdoai-me, senhora, se entro nesta trama,
Se falto com respeito ao culpar esta chama.
Uma grande princesa por vezes também esquece,
Dando o coração a alguém que não a enobrece!
O que diria o rei, o que diria Castela?
Esquecestes de quem sois filha, presa nesta mazela?

PIERRE CORNEILLE

INFANTA

Tanto lembro que a desonrar minha posição
prefiro ver meu sangue derramado, em punição.
Diria que o único mérito das almas dos amantes
É o de produzir as chamas mais brilhantes.
E, se desculpas tivesse para minha paixão,
Exemplos conhecidos te daria com exatidão.
Mas não desejo prosseguir em direção à miragem.
A surpresa não abate minha coragem.
Mesmo sabendo que sou filha do rei,
Aquele que não for da realeza eu não desposarei.
Quando eu vi que meu coração não podia se defender,
Eu mesma dei aquilo que não ousava receber.
Eu entreguei, em vez de mim, Ximena ao seu coração.
Eu acendi a chama deles para relegar à minha escuridão.
Não se surpreenda se minha alma doente
Espera por suas bodas impaciente,
Hoje meu descanso disso carece.
Se o amor vive de esperança, dela também perece
É um fogo que se apaga, por desatino,
Apesar da gravidade do meu triste destino.
Se Ximena tomar Rodrigo como seu marido,
A esperança estará morta, e meu espírito, renascido.
Porém eu sofro um tormento indescritível,
Pois, até as bodas, Rodrigo continuará aprazível.
Luto para perdê-lo, e mesmo assim o lamento.
Toma seu curso em segredo o meu descontentamento.
É com tristeza que vejo o amor me forçar
A suspirar por aquele que virá a me desgraçar.
Sinto meu espírito por dentro dividido.
Se minha coragem é altiva, meu coração está aturdido.
Mesmo as bodas me sendo fatais, eu as desejo:
Apenas esperar uma alegria, da qual prevejo.

EL CID: O HERÓI DA ESPANHA

Minha glória e minha paixão me são caras como ouro.
Que eu morra se acabar, que me livre deste agouro.

LEONOR

Senhora, depois disso nada mais tenho a dizer.
Deixo apenas meus suspiros para vos trazer.
Antes vos culpei, agora apenas lamento.
Mesmo marcada por uma dor amarga de tal ferimento,
Vossa virtude combate, com encanto e coragem,
Repelindo a desgraça, o ódio e a miragem.
Ela vos trará a serenidade ao vosso peito dilacerado.
Ficai tranquila, pois o tempo é o senhor venerado,
Esperai pela força do céu, de onde se ergue a justiça
Para libertar a virtude contra aquilo que enfeitiça.

INFANTA

Meu mais doce desejo é a esperança perder.

PAJEM

Por vossas ordens, aqui está Ximena, para vos ver.

INFANTA

(Para Leonor)
Vamos, preciso de algo para entretê-la. Por isso anseio.

LEONOR

Vós quereis continuar presa neste devaneio?

INFANTA

Não, quero apenas, apesar de minha tristeza,
Trazer à minha alma um pouco de leveza.
Do céu virá meu salvamento
Para pôr fim a este meu tormento,

PIERRE CORNEILLE

Assegurar meu descanso e serenidade.
Na felicidade dos outros busco minha própria felicidade,
Por isso esse casamento me é precioso,
Fortalece-me e deixa meu coração menos audacioso.
Que o laço do matrimônio una esses dois amantes
Para romper as algemas destes meus tormentos delirantes.
Mas já falei demais, vamos trazer Ximena.
Com esse encontro quero diminuir minha pena.

CENA 3
(O conde e Dom Diogo)

CONDE
    Enfim sois vencedor, pela graça de Sua Majestade.
    Fostes elevado a meu nível, como sinal de lealdade,
    Ele vos fez, do príncipe de Castela, o preceptor.

DOM DIOGO
    Eu e minha família carregaremos essa honra com ardor.
    Mostra a todos sua justiça, bem como aos despeitados
    Que o rei sabe recompensar os serviços prestados.

CONDE
    Não importa o quão grande são os reis, velhos ou jovens:
    Enganam-se como todos os homens, erram em suas ordens.
    E esta escolha é a prova principal
    De que eles, aos serviços prestados, pagam muito mal.

DOM DIOGO
    Mas não falemos mais, visto que tanto vos aborrece.
    O favor e o mérito prestado prevalece

PIERRE CORNEILLE

Mas devemos respeitar este poder absoluto,
Em não se queixar quando um rei é resoluto.
À honra que ele me prestou, outra acrescentemos
Vossa casa e a minha com um nó sagrado uniremos.
Vós tendes uma só filha, e eu um filho, neste momento.
Eu e vós seremos irmãos com este casamento.
Aceitai meu filho como genro, dai-nos essa bênção.

CONDE

O belo rapaz deve ter uma maior intenção,
E este novo brilho da vossa dignidade
Deve encher o seu coração com mais vaidade.
Vamos, senhor, do príncipe sede o mentor
Mostrai a ele como do reino ser o senhor.
Fazei a todos tremer sob seu rigor;
Os bons por devoção, os maus por pavor.
Juntai a essas virtudes as de um capitão:
É preciso endurecer sem perder de vista o chão,
Aos trabalhos de rei entregar-se sem regalo,
Passando dias inteiros e noites a cavalo,
Dormir com a armadura, rebentar uma muralha,
E dever apenas a si a vitória de uma batalha.
Instruí-lo pelo exemplo e tornai-o perfeito,
Explicando aos seus olhos cada lição por efeito.

DOM DIOGO

Para instruir-se com exemplos, em meio à lida,
Basta apenas ler a história de minha vida.
Lá, numa teia de boas ações,
Ele verá o que é necessário para conquistar várias nações.
Atacar uma cidade, liderar exércitos sob sua flama
E com grandes façanhas construir sua própria fama.

EL CID: O HERÓI DA ESPANHA

CONDE

Os exemplos vivos são uma outra esfera de poder;
Um príncipe com um livro mal aprende o seu dever.
Dizei-me como pode vossa história
Igualar-se à minha vida inteira de glória?
Se no passado fostes valente, no presente eu sou.
Sob minha espada todo o reino repousou.
Estremecem sob o tilintar do aço Granada e Aragão;
Toda Castela meu nome varre como a um tufão.
Sem mim, vós estaríeis sob outras leis,
Teríeis como inimigo todos os reis.
Cada dia, cada hora aumenta minha glória,
Põe louros sobre os louros, vitória após vitória:
O príncipe ao meu lado iria lutar
Provando sua coragem, sem entregar-se ao azar.
Observando-me ele aprenderia a vencer,
E tão logo não haveria mais o que aprender.
Seria suficiente…

DOM DIOGO

Eu admito que vós servistes bem ao rei.
Eu vos vi combatendo, em nome da lei:
Quando a idade, a saúde e o vigor me faltam,
Vosso raro valor logo aos olhos saltam.
Enfim, para livrar-nos de um discurso amargurado,
Vós sois hoje aquilo que fui no passado.
Vós bem vedes, de nada adianta essa desavença;
O rei tudo vê e percebeu a diferença.

CONDE

Vós roubastes aquilo que era meu.

DOM DIOGO

Quem o ganhou talvez mais o mereceu.

CONDE

O mais digno é quem pode melhor a função exercer.

DOM DIOGO

A verdade dos fatos não é o mesmo que crer.

CONDE

Tudo deveis às astúcias de velho cortesão.

DOM DIOGO

O meu brilhantismo foi toda minha ação.

CONDE

Sejamos sinceros, o rei honrou apenas vossa idade.

DOM DIOGO

O rei glorificou minhas ideias e agilidade.

CONDE

Agilidade essa conquistada com meu braço.

DOM DIOGO

O perdedor não mereceu, de nada adiantou o aço.

CONDE

Eu não mereci?

DOM DIOGO

Não!

EL CID: O HERÓI DA ESPANHA

CONDE

Tua ofensa
De velho temerário terá sua recompensa.

(O conde desfere uma bofetada contra Dom Diogo.)

DOM DIOGO

(Desembainhando a espada)
Terminai o que começastes, depois de tamanha afronta,
Mas sede rápido, pois minha mão na bainha já desponta.

CONDE

O que vos faz pensar em uma possível fraqueza?

DOM DIOGO

Ó Céus! Acreditai, confio em minha certeza.

CONDE

Vossa espada me pertence, tudo será em vão
Tão logo termine, estará na minha mão.
Adeus. Do ensino e faça como desejar,
O livro da tua vida será melhor para cotejar.
De um discurso insolente virá a justa punição.
Quando acabar contigo, estará estendido no chão.

———•———

CENA 4
(Dom Diogo)

DOM DIOGO
    Ó fúria! Ó desespero! Ó velho inimigo!
    Não vivi o bastante, para agora essa infâmia comigo?
    Com glórias travei guerras num passado de ouro
    Para agora ver murchar as coroas de louro?
    Meu braço com respeito toda a Espanha admirou,
    O qual tantas vezes até o império salvou.
    Tanto preservei o trono do rei, assim
    E agora que preciso nada faz por mim?
    Ó cruel lembrança de minha glória do passado!
    O trabalho de tantos anos, em um dia arruinado!
    A dignidade é fatal à minha felicidade
    Minha honra lá do alto cai em plena iniquidade!
    Morrer sem vingança e ver o triunfo do conde?
    Ou viver na vergonha que tal ato esconde?
    Conde? A posição de ser do príncipe o preceptor
    Não admite um homem que não tenha valor.
    E teu orgulho invejoso com este insulto maligno,
    Apesar da escolha do rei, me deixou indigno.

El Cid: o herói da Espanha

E eu, que era antes um glorioso instrumento,
Hoje sou um corpo inútil de frágil ornamento.
Com esta ofensa o ferro que outrora tanto fez temer
Não me serve de mais nada, nem para me defender.
Vá, espada, e destrua todos os seres vãos.
Para me vingar passarei para melhores mãos.

CENA 5
(Dom Diogo e Dom Rodrigo)

DOM DIOGO
   Rodrigo, sentes-te com coragem agora?

DOM RODRIGO
   Se estivesse em vosso lugar, teria agido na mesma hora.

DOM DIOGO
   Fúria saudável essa que contigo mora.
   Digno ressentimento à minha doce dor!
   Reconheço o meu sangue neste teu ardor.
   Minha juventude revive prontamente,
   Vai, meu filho! Vai, meu sangue! Vai reparar minha honra urgente!

DOM RODRIGO
   De quê?

DOM DIOGO
   De uma afronta tão brutal,
   Contra a honra desfere ele um golpe mortal:

El Cid: o herói da Espanha

Num sopro o insolente teria perdido a vida.
Minha idade não permitiu cumprir a vingança prometida.
E esse ferro que meu braço não pode mais segurar
Eu o passo a ti para que tu possas punir e vingar.
Vai contra o arrogante e testa tua coragem:
Apenas com sangue que se lava tal insulto selvagem.
Morre ou mata. Mas não quero te envaidecer:
Te coloco em combate um homem que é preciso temer.
Eu já o vi, todo coberto de sangue e poeira,
Levando consigo o medo e uma armada inteira.
Eu vi por sua espada derrotar cem legiões.
E, para te dizer algo além do ferro e dos canhões,
É mais que um bravo soldado, mais que um bravo capitão. Ele é…

DOM RODRIGO
Por favor, continue…

DOM DIOGO
Ele é o pai de Ximena.

DOM RODRIGO
O…

DOM DIOGO
Não digas mais nada, eu conheço o teu amor,
Mas aquele que vive infame é indigno deste candor.
Quanto maior o ofensor, maior é a ofensa.
Enfim podes enfrentá-lo e exigir a sentença:
Nada mais te digo.
Vinga a ti, vinga a mim,
Mostra que és um filho digno e põe logo um fim.
Oprimido pelos infortúnios e afastado pelo destino,
Digo-te para ires e vingar tamanho desatino.

—·—

CENA 6
(Dom Rodrigo)

DOM RODRIGO
    Sofri um duro golpe em meu coração.
    Foi um ataque imprevisto e também mortal,
    Vingador miserável desse combate vital,
    Objeto infeliz, vítima de uma desleal ação.
    Continuo imóvel com minha alma ferida
    Cedendo a cada golpe de minha vida.
    Tão perto estou de ver meu fogo recompensado.
    Ó Deus, odiosa é a pena!
    Com esta afronta foi meu pai devassado.
    E o ofensor é o pai de Ximena!
    Já sinto o tilintar do aço!
    Contra minha própria honra, meu amor floresce.
    Vingar o pai e perder a amada: o fim intumesce.
    Ela beija meu coração, ele ergue meu braço
    Reduzido à triste escolha de trair esta graça
    Ou de viver profundamente em plena desgraça.
    Em ambos o mal é uma condição.
    Ó Deus, odiosa é a pena!

EL CID: O HERÓI DA ESPANHA

Devo deixar tal afronta sem punição?
Devo eu punir o pai de Ximena?
Pai, amante, honra e amor,
Nobre é o obstáculo, amável a opressão.
Os prazeres estão mortos, ou morto está meu coração?
Um deixa-me infeliz, o outro me dá pavor,
Cara e cruel esperança de uma alma virtuosa,
Mas é acima de tudo: uma alma amorosa
O maior inimigo da minha mais pura felicidade
É a espada a causa que me condena.
É preciso vingar essa mesma iniquidade?
Mas é preciso perder minha Ximena?
É melhor correr ao encontro da morte.
Eu devo a meu pai, assim como devo à minha amante.
Lanço-me vingando o ódio e a raiva dilacerante.
Por evitar a vingança sou desprezado sem sorte;
Para meu pai torno-me infiel;
Para ela, serei mais repulsivo do que fel.
Ao querer curá-la, minha dor apenas aumenta;
Tudo ao meu redor apenas me condena.
Prefiro morrer que continuar nesta tormenta.
Ao menos morro sem ofender Ximena.
Morrer sem perder minha sanidade!
Buscar o fim mortal para a minha glória,
Suportar aquilo que a Espanha imputar à minha memória,
Sustentando a honra familiar com hombridade!
Levando no peito uma alma urdida
Que sente no coração a paixão perdida.
Que destrua esse pensamento impostor
O qual apenas me condena.
Ao menos tenho a honra em meio à dor.
Talvez mesmo assim ainda perca Ximena.
Sim, meu espírito numa aflição deixarei.

PIERRE CORNEILLE

Antes devo a meu pai, depois à minha amante:
Seja morrendo em combate ou na tristeza dilacerante,
Derramarei meu sangue tão puro quanto herdei.
Já acuso-me de demasiada negligência;
Vou vingar-me, com as bênçãos da Providência!
Tomado pela vergonha da indecisão
Entre a honra e o que o amor ordena,
Pois hoje meu pai sofreu uma humilhação,
E o ofensor foi o pai de Ximena.

Segundo Ato

CENA 1
(Dom Árias e o conde)

CONDE
  Aqui entre nós, não nego ter o sangue quente.
  Chego a tremer ao ouvir uma palavra insolente.
  Então o golpe torna-se certo, sem lei…

DOM ÁRIAS
  Que essa vossa coragem ceda ao desejo do rei.
  Vem dele esse desígnio e vontade,
  E tão logo agirá contra vós cheio de autoridade.
  Vós não tendes uma defesa imensa.
  A nobreza do ofendido e a grandeza da ofensa
  Estão acima dos deveres e submissões,
  Muito acima de presentes satisfações.

CONDE
  O rei pode dispor de minha vida à vontade…

DOM ÁRIAS
  Vossa culpa é uma só: excesso de fúria e insanidade
  O rei tem apreço por vós: parai de ensandecer!
  Se ele diz "assim desejo", por que desobedecer?

CONDE

Senhor, para expurgar tudo o que me oprime,
Desobedecer não será um grande crime.
E, seja a falta que for, meus serviços presentes
Para garantir-me são muito mais do que suficientes.

DOM ÁRIAS

O que quer que façamos de ilustre ou considerável
Para o rei não há uma só dívida venerável.
Não vos vanglorieis muito, pois precisais saber:
Aquele que serve ao rei nada faz além do seu dever.
Vós ireis perder-se com essa falta de discernimento.

CONDE

Acreditarei em vós apenas após tal acontecimento.

DOM ÁRIAS

Vós deveríeis temer o poder de um rei.

CONDE

Quanto à Sua Majestade, fico tranquilo, não o perderei.
Que toda a sua grandeza esteja pronta para me proibir,
Pois, se eu perecer, todo o Império irá sucumbir.

DOM ÁRIAS

Céus! Como podeis temer tão pouco e continuar são?

CONDE

Pois sem mim o cetro cairia de sua mão.
O interesse que ele tem em mim não é à toa.
Minha cabeça cortada faria cair sua coroa.

EL CID: O HERÓI DA ESPANHA

DOM ÁRIAS

Precisais colocar a razão em vossa cabeça.
Ouvi um bom conselho.

CONDE

O conselho foi ouvido, quereis que eu me aborreça?

DOM ÁRIAS

O que vos direi então? Preciso narrar-vos os fatos.

CONDE

Dizei que não me envergonharei de meus atos.

DOM ÁRIAS

Mas pensai vós que o rei quer ser obedecido.

CONDE

Senhor, a sorte foi lançada, o resto já está decidido.

DOM ÁRIAS

Adeus, pois em vão tentei mudar o vosso pensamento.
Por isso agora vos resta recear do rei o tormento!

CONDE

Eu aguardarei o tormento sem medo.

DOM ÁRIAS

Mas não sem um castigo sofrer.

CONDE

Veremos então Dom Diogo continuar a viver.

(Dom Árias sai, deixando o Conde sozinho no recinto.)

PIERRE CORNEILLE

CONDE

Quem não teme a morte não teme quaisquer ameaças.
Tenho um espírito maior que todas as mordaças.
Podem tirar-me a minha felicidade,
Mas não podem remover a minha hombridade.

CENA 2
(O conde e Dom Rodrigo)

DOM RODRIGO
    Quero falar-te senhor Conde.

CONDE
    Fale.

DOM RODRIGO
    Responde-me uma questão:
    Conheces bem Dom Diogo?

CONDE
    Sim.

DOM RODRIGO
    Falemos baixo, ouve com atenção.
    Sabias que o velho carrega consigo toda a virtude,
    O valor e a honra possíveis? Sabias tu, homem rude?

CONDE
Talvez.

DOM RODRIGO
Esta fúria que meu olhar comporta
É fruto do seu sangue. Sabias?

CONDE
O que importa?

DOM RODRIGO
Vem comigo e irás importar-se.

CONDE
Garoto presunçoso!

DOM RODRIGO
Continua falando sem atentar-se.
Eu sou jovem, é verdade. Mas, para os espíritos honrados,
O valor não está nos anos passados.

CONDE
Queres igualar-te a mim? Cheio de vaidade,
Tu que nunca vistes um homem de verdade!

DOM RODRIGO
Já combati muito, tomado pela glória.
E não foram poucas as vezes que recebi os louros da vitória.

CONDE
Sabes quem sou eu?

EL CID: O HERÓI DA ESPANHA

DOM RODRIGO

Sim, tanto sei que posso ver
Que sou o único que escuta teu nome sem tremer.
Os louros da glória que em tua cabeça estão a ornar
Me parecem carregar as derrotas que irei amargar.
Com medo eu ataco um braço vitorioso,
Mas com coragem e força posso sair glorioso.
Para aquele que vinga seu pai, nada é impossível.
Mesmo teu braço invicto jamais será invencível.

CONDE

Essa grande coragem que trazes sempre arrogante
Li em teus olhos, há muitos dias, em teu semblante.
E, acreditando ver a honra de Castela que em ti brilha,
Minha alma com louvor te entregaria minha filha.
Eu conheço tua paixão e fico feliz em ver
Que todos os teus movimentos cedem ao dever,
Que não conseguiram apagar teu ardor magnânimo,
Que tua alta virtude satisfaz meu ânimo.
E, querendo como genro um cavaleiro perfeito,
Não me enganei com a escolha que havia feito.
Por isso minha piedade contigo apenas aumenta.
Admiro a coragem, e tua juventude me contenta.
Não faças nenhuma estupidez, pois te será fatal.
Não desperdiço meu valor num combate desigual.
Muito pouca honra para mim seria esta vitória:
Vencer sem esforço ou um triunfo sem glória.
Mesmo pensando que serias abatido num golpe forte,
Eu lamentaria para sempre responder pela tua morte.

DOM RODRIGO

Tua audácia por uma indigna piedade é seguida:
Quem ousa tirar minha honra, medo tem de tirar-me a vida!

CONDE
Retira-te daqui!

DOM RODRIGO
Vem, vamos sem demora!

CONDE
Estás cansado de viver?

DOM RODRIGO
E tu, tens medo de morrer?

CONDE
Vem, cumpristes teu dever de filho degenerado
Que segue a mesma ideia do pai famigerado.

—•—

CENA 3
(A infanta, Ximena e Leonor)

INFANTA
    Acalma, Ximena, acalma tua dor.
    Fica firme em meio a este golpe de amargor,
    Então verás a calmaria depois da tempestade.
    Foi apenas uma pequena névoa que cobriu tua felicidade,
    E a tua esperança ainda irá prosperar.

XIMENA
    Meu coração nada mais ousa esperar.
    Uma grande tempestade que perturba e ameaça;
    É um naufrágio certo que nos trará a desgraça.
    Sem dúvida morrerei antes de chegar à enseada.
    Nossos pais estavam de acordo, eu amava e era amada.
    Eu logo vos contei a linda novidade.
    Justo no momento em que irrompeu a iniquidade,
    A então narrativa fatal tomou vazão,
    E a doce esperança foi arruinada pela razão.
    Maldita ambição, detestável mania:
    Sempre os mais generosos sofrem com a tirania!

Honra impiedosa que destrói e me faz penar;
Quantas lágrimas e suspiros irão me custar?

INFANTA
Sobre essa disputa, tu não tens nada a temer:
Assim como surgiu também irá desaparecer.
Muito ruído foi feito para agora não acordar,
Pois até o próprio rei já quer o assunto encerrar.
E tu bem sabes que tua dor me é sensível.
Tudo se acabará, nada é impossível.

XIMENA
Os acordos nada mais podem fazer,
Pois uma afronta mortal está prestes a acontecer.
Quem ganhará será a força ou a prudência;
Se curamos o mal, é apenas na aparência.
O ódio que habita os corações e mentes
Alimenta fogos ocultos, ainda mais ardentes.

INFANTA
O laço sagrado que unirá Dom Rodrigo a Ximena
Trará aos pais inimigos a paz humilde e serena.
E tão logo veremos vosso amor sair mais forte
Num casamento feliz que sufocará a morte.

XIMENA
Mesmo nada esperando, eu muito desejo.
Conheço meu pai, e Dom Diogo não é dado a gracejo.
Sinto fluir as lágrimas que eu quero conter.
O passado me atormenta, e o futuro irei temer.

INFANTA
Tens medo de quê? Que um deles sofra uma fraqueza?

EL CID: O HERÓI DA ESPANHA

XIMENA
Rodrigo tem coragem.

INFANTA
O que ele tem é muita juventude e destreza.

XIMENA
Os mais valorosos homens desde jovens já têm.

INFANTA
Então não há nada a temer de ninguém.
Ele está muito apaixonado e não quer te ver sofrer;
Duas palavras tuas farão seu coração esmorecer.

XIMENA
Se ele não me obedecer, o que fazer?
Mas, se ele me obedecer, o que todos irão dizer?
O que dirão dele se sofrer tal despeito?
Deve resistir ou enfrentar esse fogo em seu peito?
Confusa e humilhada está minha mente
Por seu excesso de respeito e aversão premente.

INFANTA
Ximena, tens uma alma altiva, mas cheia de tormento.
Não se pode abater com um tal pensamento.
Mas, se até a chegada deste dia infamante
Eu prender o teu perfeito amante,
Se a coragem dele eu puder impedir,
Teu espírito amoroso não irá se exaurir?

XIMENA
Ah! Senhora, só assim terei paz.

— • —

CENA 4
(A infanta, Ximena, Leonor e o pajem)

INFANTA
    Pajem, procura e traz Rodrigo.

PAJEM
    Bem, o conde de Gormaz e ele, digo…

XIMENA
    Oh céus, estou perdendo os sentidos.

INFANTA
    Fala!

PAJEM
    Saíram do palácio juntos e contidos.

XIMENA
    Sozinhos?

El Cid: o herói da Espanha

PAJEM

Sozinhos e parecendo prontos para duelar.

XIMENA

Sem dúvida já estão lutando; é preciso apelar.
Senhora, preciso ir, peço a vossa permissão.

CENA 5
(A infanta e Leonor)

INFANTA
    Céus! No peito eu sinto uma inquietação!
    Seus infortúnios choro, seu amante me encanta.
    Volto a sufocar-me com este ardor que tudo suplanta.
    Aquilo que irá separar Rodrigo de Ximena
    Traz esperança ao mesmo tempo que me condena.
    Sua separação eu vejo com pesar e afeto,
    Porém em meu coração cresce um prazer secreto.

LEONOR
    Mesmo tendo na alma uma grande virtude,
    Ela rende-se facilmente a essa chama tão rude?

INFANTA
    Não a chames de rude diante de minha pessoa,
    Triunfante esta chama não me possui à toa.
    Mostra-lhe respeito, pois ela me é muito querida.
    Minha virtude a combate, embora seja preterida.
    E de uma louca esperança meu coração mal defendeu
    Correndo atrás do amante que Ximena perdeu.

EL CID: O HERÓI DA ESPANHA

LEONOR

Vós perdestes a gloriosa coragem
Para adentrar nos limites de uma miragem?

INFANTA

Pouca eficácia possui a razão,
Pois um doce veneno toma o coração!
E, quando o doente enfim abraça a doença,
Nada pode ser feito, está assinada a sentença.

LEONOR

Vossa esperança vos seduz, vosso mal vos inflama.
Por fim, digo que Rodrigo é indigno desta chama.

INFANTA

Eu tanto sei que minha virtude influi.
Veja como o amor lisonjeia o coração que possui.
Se Rodrigo for então o vencedor do combate,
Se abaixo de seu valor um guerreiro abate,
Poderei, neste caso, amá-lo sem pestanejar.
Penso no que fará se o Conde ele derrotar!
Que ao menor golpe de sua mão
Reinos inteiros cairão!
Meu amor lisonjeiro me convence
De que o trono de Granada já me pertence.
Os mouros[1] subjugados tremerão com fervor
Quando Aragão receber seu novo conquistador.
Portugal se renderá, e seus dias nobres serão;
Para além-mar seus destinos levarão.

---

[1] *Mouro ou sarraceno* era nome dado, durante a Idade Média, aos árabes da região do norte da
África. A história da peça desenrola-se quando regiões da Península Ibérica (hoje Espanha e
Portugal) haviam sido dominadas pelos mouros, gerando grandes atritos com os reinos cristãos que
haviam no local, inclusive com o reino de Castela, onde habitam os personagens da história. (N.T.)

PIERRE CORNEILLE

Com o sangue da África regará seus louros
E tudo o que é dito de quem vencer os mouros.
Esperarei Rodrigo após essa vitória
E farei de seu amor a coroa de minha glória.

LEONOR

Senhora, não vedes que estais presa a uma ilusão?
Após o combate ele pode salvar-se ou não.

INFANTA

Rodrigo foi ofendido, o conde é o ofensor.
Partiram sozinhos; o que mais pode ser promissor?

LEONOR

Bem, eles irão lutar, é isso que quereis vós.
Porém, Rodrigo seguirá tão longe e tão feroz?

INFANTA

Que queres tu? Estou louca, e minha mente vagueia
Bem vês este amor que me incendeia.
Vem aos meus aposentos e consola minha dor.
Peço que não me deixes sozinha com todo este ardor.

— · —

CENA 6
(Dom Fernando, Dom Árias e Dom Sancho)

DOM FERNANDO
    O Conde é tão orgulhoso e pouco razoável.
    Ousa ainda acreditar que seu crime é perdoável?

DOM ÁRIAS
    Eu tentei, este objetivo eu persegui
    Fiz tudo o que pude e nada consegui.

DOM FERNANDO
    Céus! Sem nenhum respeito me desagradou
    Por consequência ele me insultou.
    Ele ofende Dom Diogo e despreza seu rei!
    Dentro de minha corte ele embaraça a lei!
    Pode ser um grande capitão e um bravo guerreiro
    Mas saberei como derrotar este humor altaneiro.
    Que fosse a honra em si ou o deus do combate,
    Ele verá o que é ter comigo um embate.
    Seja qual for a origem de tal insolência,
    De início sempre agi sem violência.

Mas, já que ele de minha paciência abusou,
Vivendo ou não provará daquilo que causou.

DOM SANCHO
Talvez pouco tempo o tornasse menos insurgente.
No embate entrou completamente intransigente.
Majestade, no calor do primeiro movimento,
Um coração generoso rende-se em detrimento.
Uma alma tão altiva seu erro pode aceitar,
Mas jamais será reduzido a confessar.

DOM FERNANDO
Cala-te, Dom Sancho! E estejas advertido:
Serás um criminoso se tomares o seu partido.

DOM SANCHO
Eu obedeço e me calarei. Mas peço, Majestade,
Duas palavras para dizer em sua defesa.

DOM FERNANDO
Mas o que podes dizer que seja verdade?

DOM SANCHO
Que uma alma habituada a grande ações
Não se pode abaixar a tais submissões.
Ele não concebe nada com tanta baixeza;
O conde julga tudo em si uma fraqueza.
Pensa em seu dever como pouco rigoroso;
Sem tanta paixão seria mais decoroso.
Seu espírito, alimentado por tantos combates,
Repara os insultos e logo os abate.
Majestade, vede se ele irá obedecer
E sobretudo ouvi o que irá responder.

EL CID: O HERÓI DA ESPANHA

DOM FERNANDO

Perdestes o respeito, mas vos perdoo pela idade,
Desculpo o ardor de quem vive a mocidade.
Um rei cuja prudência é seu grande objetivo
Zela pelo sangue de seu súdito altivo.
Cuido dos meus e também de vossos problemas,
Sou um monarca que rege quaisquer dilemas.
Assim, vossa razão não existe em minha lei.
Falais como um soldado, mas eu ajo com um rei.
Não importa o que digais, ou o que ele ousa crer,
O conde não perderá sua glória se me obedecer.
Porém, com esta afronta ele perdeu seu brilho
Ao falar do preceptor de meu filho.
Atacar a minha escolha é me repreender,
É atentar contra aquele de supremo poder.
Não falemos mais! Avistaram dez embarcações nas fronteiras.
Nossos velhos inimigos já ergueram suas bandeiras.
Em direção à foz do rio eles ousaram aparecer.

DOM ÁRIAS

Os mouros aprenderam pela força a vos conhecer
E, tantas vezes vencidos, descobriram pela dor
A não se arriscar com um grande conquistador.

DOM FERNANDO

Eles nunca agiram sem qualquer covardia.
Meu cetro, a despeito deles, rege Andaluzia.
Esta terra tão bela, que muito tempo possuíram
Com um olhar de inveja, eles ainda não desistiram.
E por esta única razão, embora seja bela.
Sevilha foi anexada ao reino de Castela.
Vê-los tão de perto é um perigo;
É preciso destruir todo e qualquer inimigo.

PIERRE CORNEILLE

DOM ÁRIAS

À custa de suas cabeças, eles já estão muito cientes
Do quanto vossas conquistas são exatas e contundentes.
Por isso vos digo: não há o que temer.

DOM FERNANDO

Não há nada para negligenciar.
Excesso de confiança pode nos influenciar.
E vós não ignorais que podem ser milhares
Trazidos até aqui pelas correntes dos mares.
No entanto, não seria prudente ao povo falar,
Pois incerto é o pânico que poderá causar.
O horror que tal alarme produziria
Durante a noite toda a cidade perturbaria.
Dobrem a guarda no porto e nas muralhas.
Por esta noite basta! Guardemos a sede por batalhas.

— • —

CENA 7
(Dom Fernando, Dom Sancho e Dom Afonso)

DOM AFONSO
    Majestade, o conde está morto.
    Dom Diogo, por seu filho, vingou sua ofensa.

DOM FERNANDO
    Quando soube da afronta, eu previ a sentença.
    Eu tentei prevenir este ato atroz.

DOM AFONSO
    Ximena, de joelhos, traz uma dor feroz;
    Aos prantos clama por justiça e reparação.

DOM FERNANDO
    Eu a tenho em grande consideração,
    Porém o conde de fato mereceu
    O castigo que a Providência lhe deu.
    Sua dor é justa, eu a sinto no coração;
    Não é sem lamentar que perco um tal capitão.

Pierre Corneille

Depois de um longo serviço ao meu reino,
Depois de mil vezes ter seu sangue derramado,
Embora seu orgulho meu sentimento padece,
Sua perda me torna fraco, e sua morte me entristece.

— • —

CENA 8
(Dom Fernando, Dom Diogo, Ximena, Dom Sancho, Dom Árias e Dom Afonso)

XIMENA
　Majestade, majestade, clamo por justiça!

DOM DIOGO
　Ah, Majestade! Peço que me ouça!

XIMENA
　Eu me ponho a vossos pés.

DOM DIOGO
　Eu beijo os vossos joelhos.

XIMENA
　Eu peço por justiça!

DOM DIOGO
　Escutai minha defesa com benevolência.

PIERRE CORNEILLE

XIMENA

De um jovem ousado puna a insolência:
Vosso cetro com apoio o sustentou,
Ele matou meu pai.

DOM DIOGO

Ele apenas vingou quem me desonrou.

XIMENA

Ao sangue de seus súditos, a justiça o rei deve.

DOM DIOGO

Para a justa vingança, não há um suplício breve.

DOM FERNANDO

Levantem-se. Cada um falará em seu momento.
Ximena, tomo parte de vosso sofrimento.
Sinto em minha alma uma dor semelhante.
Dom Diogo, aquiete-se, falará mais adiante.

XIMENA

Majestade, meu pai está morto. Seu sangue eu mesma vi.
Peço como punição a mesma raiva que senti.
Esse sangue que tanto protegeu vossas muralhas,
Esse sangue que tanto vos garantiu várias batalhas,
Esse sangue que agora jaz banhando o chão
Irado está, por não mais defender o vosso coração.
Embora ele nunca o tenha derramado na guerra,
Hoje Rodrigo seu sangue espalhou pela terra.
Fui até o local, já sem forças ou cor,
E o encontrei sem vida. Desculpai a minha dor.
Majestade, minha voz falha com este conto funesto
Minhas lágrimas e suspiros dirão melhor o resto.

EL CID: O HERÓI DA ESPANHA

DOM FERNANDO

Força, minha filha! Teu rei será um pai para ti.
Fica tranquila, pois isso eu já resolvi.

XIMENA

Majestade, a honra precede meu sofrimento.
Eu vos disse: encontrei-o sem vida, com um ferimento.
De peito aberto, para eu poder ver,
Com sangue escreveu na terra o meu dever.
Pela mesma ferida, aberta por seu inimigo,
Avisou-me que deveria perseguir Rodrigo.
E, para ser ouvido pelo rei e por todos nós
Pela minha triste boca, ele colocou a sua voz.
Majestade, peço que ide além do seu dever
Reinai soberano, mostrai-me aquilo que quero ver:
Que os mais valorosos que gozam na impunidade
Sejam expostos aos vossos golpes de temeridade.
Que um jovem audaz não possa apagar sua glória
Banhando-se em seu sangue, desafiando sua memória.
Um guerreiro tão valente que de vós foi tirado
Perderá sua história caso não seja vingado.
Enfim, meu pai está morto e clamo vingança,
Mais por vosso interesse que por minha aliança.
Perdestes um homem de grande posição
Vingai-o com sangue, e assim coroará sua mão.
Matai-o não por mim, mas por vossa coroa,
Vossa grandeza e por vossa pessoa.
Majestade, matai-o, pelo bem do Estado,
E marcai o fim deste infame atentado.

DOM FERNANDO

Dom Diogo, agora poderás falar.

PIERRE CORNEILLE

DOM DIOGO
Que tenhamos a dignidade devida.
Quando perdemos a força, também perdemos a vida.
E que a idade prepara ao homem generoso,
No fim de sua carreira, um destino aviltoso!
Eu, que por minhas mãos conquistei a glória,
Seguindo sempre e diretamente a vitória.
Hoje, depois do tanto que vivi devotado,
Recebo uma afronta e sinto-me derrotado.
Aquilo que não conseguiram o cerco e a emboscada,
Nem mesmo a guerra em Aragão ou em Granada,
Nem todos os vossos inimigos, nem os invejosos,
O Conde tentou com seus olhos audaciosos.
Furioso por vossa escolha e sem hombridade,
Desafiou-me, zombando de minha idade.
Meus cabelos embranqueceram sob a guerra,
Meu sangue tantas vezes aspergiu a terra.
Outrora terror do exército inimigo foi meu braço.
Quantas infâmias suportei sob a lâmina do aço.
Criei um filho digno de mim, digno de sua lei,
Digno de sua terra e digno de seu rei.
Matou o conde pela minha inspiração,
Restituiu-me a honra e lavou meu coração.
Se ter coragem e honra para comigo,
Se uma vingança desta merece um castigo,
Que recaia apenas sobre mim a tempestade;
Recebo toda a culpa com total alteridade.
Ximena reclama que seu pai ele matou,
Mas foi a contragosto que ele executou.
Culpe o velho que logo encontrará a morte
E conserve os braços que lhe servirão com sorte.

EL CID: O HERÓI DA ESPANHA

À custa do meu sangue, satisfaça Ximena.
Não resistirei, pois consinto a minha pena.
E, quando der vosso decreto de punição,
Morrerei sem desonra nem lamentação.

DOM FERNANDO

O caso é importante e bem considerado;
Em pleno conselho será deliberado.
Dom Sancho, leva para casa Ximena.
Dom Diogo em breve saberá a sua pena.
Procurem por seu filho.
Será com justiça que vos darei.

XIMENA

O assassino deve morrer! Assim é a lei.

DOM FERNANDO

Descansa, minha filha, e acalma o teu coração.

XIMENA

Como posso acalmá-lo se está banhado em aflição?

Terceiro Ato

CENA 1
(Dom Rodrigo e Elvira)

ELVIRA
    Rodrigo, o que fizeste, miserável?

DOM RODRIGO
    Segui a triste sina do meu destino deplorável.

ELVIRA
    De onde vem esta tua audácia e orgulho resoluto
    Para vir a um local tomado pelo luto?
    Vieste até aqui dar ao conde outra sentença?
    Já não o mataste?

DOM RODRIGO
    Sua vida era para mim uma ofensa.
    Fiz por minha honra e por meu desconforto.

ELVIRA
    Mas procuras asilo na casa do morto?
    Refúgio semelhante um assassino já tomou?

DOM RODRIGO

Venho em paz, meu espírito já o sepultou.
Não me olhes com este olhar obscuro.
A mesma morte que trouxe eu procuro.
Meu julgamento é meu amor por Ximena;
É dela que mereço a morte que me condena.
E vim recebê-la com todo o coração,
Pois espero receber a morte de sua mão.

ELVIRA

Antes fuja de seus olhos, fuja de sua violência.
O ódio torna-se maior diante de tua eminência.
Vai! Não te exponhas a esse movimento:
Apenas aumenta o ardor de seu ressentimento.

DOM RODRIGO

Não, eu a desagradei, e tudo terminou.
A cólera é pouca para aquilo que restou.
Evito cem mortes que irão me reduzir
Para ela dar minha vida assim que a vir.

ELVIRA

Ximena está no palácio, de lágrimas está banhada.
E voltará, com certeza, muito bem acompanhada.
Rodrigo, fuja, por favor, livra-me de um dilema.
Se te virem aqui, percebes o meu problema?
Queres tu apenas aumentar a tua miséria?
Ver em casa o assassino do pai dirão que é pilhéria.
Ela voltará, eu consigo vê-la, já vem:
Ao menos por tua honra, fuja dos que vivem.

CENA 2
(Dom Sancho, Ximena e Elvira)

DOM SANCHO
  Sim, minha senhora, vos falta o sangue das vítimas.
  Vossa cólera é justa, e vossas lágrimas são legítimas.
  Confesso que não sei como vos falar,
  Nem mesmo vos conter ou vos consolar.
  Mas, se vos servir posso eu ser preparado,
  É vossa minha espada para punir o culpado.
  É vosso o meu amor para vingar essa morte:
  Sob vossos comandos seguirá meu braço forte.

XIMENA
  Céus, como estou infeliz.

DOM SANCHO
  Por favor, aceitai o meu serviço, convosco estarei.

XIMENA
  Vossa justiça ofenderia o rei.

DOM SANCHO
Sabeis bem que ela anda com lentidão.
Muitas vezes um crime escapa sem punição;
Seu curso lento e duvidoso deixa muitos a chorar.
Deixai-me então com minhas armas vos vingar.
É a saída mais certa e rápida para punir.

XIMENA
É o meu último remédio, deixai-o vir.
E, se essa piedade ainda vos perdurar,
Vós estareis livre para me vingar.

DOM SANCHO
É a única felicidade que minha alma contenta,
Parte da esperança que me sustenta.

CENA 3
(Ximena e Elvira)

XIMENA
    Enfim, livre e sem constrangimento,
    Posso te falar do meu lamento,
    Posso dar vazão à minha alma que chora.
    A ti abro meu coração, aqui e agora.
    Elvira, meu pai está morto, e por sua espada
    Rodrigo atingiu-o na derrocada.
    Quero chorar e em lágrimas me afogar!
    Uma parte de minha vida sinto apagar.
    Vingarei, após esse golpe funesto,
    Tudo aquilo que me ficou de resto.

ELVIRA
    Senhora, descansa!

XIMENA
    Céus! Um grande infortúnio está a me rasgar
    E tu me falas para descansar?
    Quando será aplacada minha dor
    Se não posso odiar o homem causador?

PIERRE CORNEILLE

E o que devo esperar deste tormento ruinoso
Se persigo um crime amando o criminoso?

ELVIRA

Ele matou o teu pai. O amor que sentes é sincero?

XIMENA

Amor é pouco, Elvira, eu o venero.
Minha paixão opõe-se à minha dor;
Em meu inimigo habita o meu amor.
Sinto que, apesar de minha fúria e desilusão,
Rodrigo e meu pai ainda duelam em meu coração.
Ele o ataca, ele avança e se defende;
É fraco e também forte, mas jamais se rende.
Mas, nesse duro combate de fúria e de incerteza.
Destrói minha alma e aumenta minha tristeza.
Enquanto meu amor me paralisa com seu poder,
Fico perdida em seguir o meu dever.
Entre a espada minha honra me obriga
Rodrigo com seu interesse me castiga.
Apesar de seu esforço, meu coração tem lado
Eu sei a verdade: meu pai foi fulminado.

ELVIRA

Pensas em persegui-lo?

XIMENA

Ah! Que cruel pensamento!
Perseguição atroz, sem julgamento!
Grito por sua cabeça, medo tenho de conseguir.
Minha morte seguirá a sua, mas eu o irei punir.

ELVIRA

Senhora, livra-te de uma intenção tão horrorosa;
Não imponhas a ti lei tão rigorosa.

EL CID: O HERÓI DA ESPANHA

XIMENA

Meu pai morreu praticamente em meu braço.
Seu sangue grita vingança, com o corte do aço.
Meu coração sofre tanto com este amor,
Pensa poder tudo resolver com um golpe de horror!
Poderia sofrer com esse amor condenado?
Minha covardia o mantém num silêncio sufocado.

ELVIRA

Senhora, crê em mim: isso tudo é perdoável.
Sofrer contradições com tal sentimento inefável
Contra um amante tão caro, tu muito fez.
Já viste o rei, espera, chegará a tua vez.
Não persistas com este plano sem sorte.

XIMENA

Surge da glória o desejo de morte.
Embora entontecida por esta ânsia amorosa.
Qualquer desculpa torna-se vergonhosa.

ELVIRA

Mas tu amas Rodrigo, não há o que combater.

XIMENA

Isto é verdade!

ELVIRA

Depois de tudo isso, o que tu irás fazer?

XIMENA

Para conservar a minha glória e um fim decretar,
Vou persegui-lo, perdê-lo e depois me matar.

CENA 4
(Dom Rodrigo, Ximena e Elvira)

DOM RODRIGO
    Bem, aqui estou para te dizer:
    Assegura a honra de impedir-me de viver.

XIMENA
    Elvira, onde estamos? O que vejo diante de mim?
    Rodrigo em minha casa! Rodrigo em busca do fim!

DOM RODRIGO
    Não poupes meu sangue. Aproveita com confiança
    A doçura de minha morte e de tua vingança.

XIMENA
    Céus!

DOM RODRIGO
    Escuta-me!

XIMENA
    Estou morrendo.

EL CID: O HERÓI DA ESPANHA

DOM RODRIGO
Um momento.

XIMENA
Vá e deixa-me morrer!

DOM RODRIGO
Quatro palavras para pôr fim a este tormento.
Depois, poderás matar-me com o fio da espada.

XIMENA
A que está do sangue do meu pai ensanguentada!

DOM RODRIGO
Minha Ximena…

XIMENA
Tira daqui este objeto odioso,
Ele apenas salienta teu ato criminoso.

DOM RODRIGO
Olha para ele, deixa o ódio fluir, aumenta minha pena
Libera tua raiva e tudo o que me condena.

XIMENA
Está manchada com meu sangue.

DOM RODRIGO
Mistura com o meu.
Honra aquele a quem perdeu.

XIMENA
Ah, crueldade! Um só dia e tamanha destruição:
O pai pelo ferro e a filha pela visão!

PIERRE CORNEILLE

Tira daqui este objeto; apenas me fazes sofrer.
Queres que eu te escute, mas isto me faz morrer!

DOM RODRIGO

Faço o que quiseres, mas, sem ter clemência,
Assim destrua a minha deplorável existência.
Peço que não esperes por minha afeição,
Um arrependimento covarde por uma boa ação.
O irreparável efeito do calor de um momento
Desonraria meu pai e me sangraria em tormento.
Isso atinge um homem corajoso
Da afronta; eu procurei o autor insidioso.
Então meu pai e minha honra fui vingar
E faria de novo, para minha família honrar.
Porém não se trata de meu pai ou da destruição.
Por ti muito lutou a chama do meu coração:
Juiz de teu poder numa tal ofensa
Rápido pensei nos caminhos da sentença.
Reduzido a te ferir ou a sofrer uma afronta,
Imaginei que minha alma estivesse pronta,
Acusei-me de tamanha violência,
E tua beleza trouxe a mim a penitência,
Ao menos se teus encantos outra força exercesse,
Que um homem sem honra não a merecesse.
Apesar do crime, teu peito ainda pulsou.
Apesar do ódio, tua alma ainda me amou.
Escutando o teu amor eu torno a obedecer
E estando aqui por ti eu irei padecer.
Eu te digo, mesmo suspirando,
Até o último suspiro irei proclamando:
Eu te desonrei, embora nada pudesse fazer
Para dissipar minha vergonha e te merecer.
A honra de meu pai eu pude aplacar,
Mas é a ti que devo explicar:

EL CID: O HERÓI DA ESPANHA

Estou aqui para o meu sangue oferecer;
Fiz o que precisava, e agora vim pelo dever.
Sei que a morte de um pai impõe contra mim,
Por isso não queria livrar-te do meu fim:
Sacrifica pelo sangue que ele perdeu
Mata por aquele cuja glória feneceu.

XIMENA

Ah, Rodrigo! Embora sendo tua inimiga,
Não te posso culpar por parte da intriga.
Por mais que surjam dores vindas das profundezas,
Nada te acuso, apenas choro minhas tristezas.
Eu sei que a honra após tal ofensa
Pediria o ardor de uma grandiosa sentença:
Cumpriste apenas o dever de um homem leal,
Mas, fazendo-o, destruiste o meu mundo ideal.
Teu valor funesto te trouxe a vitória,
Vingou teu pai e ergueu tua glória.
Agora aqui estou, embora a me lamentar,
Desejando minha glória e meu pai vingar!
Céus, contigo aqui meu peito bate angustiado.
Se meu pai por outro mal tivesse sido levado,
Minha alma estaria alegre em te ver
Seria o único alívio que poderia receber.
E poderia te sentir curando a minha dor,
Secando minhas lágrimas com todo o teu amor.
Depois da perda de meu pai, preciso te perder;
Há uma luta ardente pelo esforço do dever.
E esta terrível obrigação me assassina,
Me força a orquestrar sozinha a tua ruína.
Pois, no fim, não esperes minha afeição
Ou covardes sentimentos pela tua punição.
Haja o que houver, nosso amor me sustenta,
Uma igual generosidade minha alma fomenta:

PIERRE CORNEILLE

Tu, ao ofender-me, mostrou-te digno de mim;
Eu, com tua morte, serei digna do teu fim.

DOM RODRIGO
Então, não adies mais o que a honra te ordena:
Pede a ti minha cabeça. Oh! Ximena.
Sacrifica esta nobre vontade,
A morte me será doce e de certa lealdade.
Após o meu crime, espera que a lenta justiça
Erguerá tua glória e aquilo que a alma cobiça.
Morrerei feliz sem teu sincero asco.

XIMENA
Vai, eu sou tua parte, e não teu carrasco.
Se a cabeça tu ofereces, sou eu que devo cortá-la?
Eu devo atacar, mas tu deves guardá-la.
É de um outro que tenho de arrancar.
Devo acusar-te, mas não te matar.

DOM RODRIGO
Mesmo que em favor do amor que tinhas,
Tua generosidade deve igualar-se à minha
Erguerás o outro braço para o golpe fatal,
Minha Ximena; assim irás pôr fim ao ritual.
Minha mão aplicou-te a ofensa;
Tua mão irá infligir-me a sentença.

XIMENA
És cruel! De que serve tanto obstinar?
Vingaste sozinho; que ajuda queres me dar?
Seguirei teu exemplo, tomada de confiança,
Para sofrer contigo a glória desta vingança.
A meu pai e minha honra nada irei dever.
Quanto ao teu amor, nada irá se dissolver.

EL CID: O HERÓI DA ESPANHA

DOM RODRIGO

Terrível honra! O que quer que eu faça,
Não poderei afinal obter essa graça?
Em nome de teu pai ou de nossa amizade,
Puna-me! Vinga-me! Ao menos por piedade.
Teu infeliz amante sofrerá menos com a pena
Morrendo por ti do que viver com o ódio que condena.

XIMENA

Vai! Não tenho ódio de ti.

DOM RODRIGO

Mas deveria ter.

XIMENA

Não consigo.

DOM RODRIGO

Não temes os falsos rumores que instigo?
Quando souberem do meu crime e da tua paixão,
Da inveja e da impostura falarão!
Força-os ao silêncio, sem mais discorrer.
Salva tua honra me fazendo morrer.

XIMENA

Maior será o castigo te poupando a vida.
Quero que a voz da inveja surgida
Eleve a minha glória e os infortúnios lastime
Sabendo que te adoro, mas que acuso teu crime.
Vai embora, pois apenas aumentas meu tormento.
Preciso deixar-te ir, em meio ao meu lamento.
Nas sombras da noite encontrarás teu caminho;
Não quero que te vejam sair daqui sozinho.

PIERRE CORNEILLE

A calúnia terá apenas uma sentença
Em saber que fiquei sofrendo por tua presença:
Não dá motivos para que ataquem minha virtude.

DOM RODRIGO

Quero a morte!

XIMENA

Vai agora!

DOM RODRIGO

Qual será a tua atitude?

XIMENA

Apesar do torpor que perturba minha visão,
Tentarei vingar meu pai tomada pela razão.
Porém, apesar do rigor de tão cruel dever,
Meu único desejo era o de nada poder.

DOM RODRIGO

Oh, milagre de amor!

XIMENA

Ó céus, tamanha é a desilusão.

DOM RODRIGO

Quantos males e lágrimas a nossos pais custarão?

XIMENA

Rodrigo, realmente pensas isso?

DOM RODRIGO

Ximena, o que pensas sobre a vida?

El Cid: o herói da Espanha

XIMENA
Que nossa felicidade palpável tão cedo foi perdida.

DOM RODRIGO
E estávamos tão perto do porto, quase em segurança,
Quando uma tempestade destruiu nossa esperança.

XIMENA
Ah! Dor mortal!

DOM RODRIGO
Ah! Não podemos mais lamentar.

XIMENA
Vai embora, para não mais voltar.

DOM RODRIGO
Adeus! Sigo para uma vida de desilusão
Perdendo sobretudo o amor de teu coração.

XIMENA
Juro pela minha fé que, tão logo padecer,
Irei junto contigo morrer.
Adeus! Cuida para que não te vejam.

ELVIRA
Senhora, alguns dos males que os céus ensejam…

XIMENA
Não mais me importunes, deixa-me suspirar.
Eu procuro o silêncio e a noite para chorar.

—·—

CENA 5
(Dom Diogo)

DOM DIOGO
    Nunca usufruímos de uma perfeita felicidade.
    As maiores alegrias trazem consigo a crueldade.
    Os problemas e a falta de discernimento
    Perturbam a pureza do meu contentamento.
    Minha alma em meio à contradição
    Sente tanto alegria quanto aflição.
    Eu vi morto o inimigo que me ofendeu,
    Mas não encontro a mão que o rendeu.
    Em vão procuro, numa busca sem motivo;
    Percorri a cidade destruído e emotivo.
    E o pouco que sobrou do meu antigo vigor
    Foi consumido na busca por esse vencedor.
    Agora, quero abraçá-lo, em meio à noite sombria,
    Porém sinto apenas uma sombra fria.
    E meu amor, triste com tal lição,
    Faz apenas aumentar minha aflição.
    Não consigo encontrá-lo em nenhum lugar;
    Os amigos do conde me ponho a indagar.

EL CID: O HERÓI DA ESPANHA

Eles são muitos, e isso confunde minha razão.
Rodrigo não mais vive ou habita numa prisão.
Céus, tamanha é a minha insegurança!
Será que não tenho mais nenhuma esperança?
É ele! Não duvido mais. Fui atendido.
Meu medo foi dissipado, e meu tormento, vencido.

CENA 6
(Dom Diogo e Dom Rodrigo)

DOM DIOGO
    Rodrigo, enfim te encontrei! Quanta euforia!

DOM RODRIGO
    Céus!

DOM DIOGO
    Não mistures suspiros à minha alegria.
    Deixa-me sentir como és valoroso.
    Tu te mostraste honrado e muito corajoso,
    Foste altivo e tomado pela graça,
    Fizeste reviver em ti os heróis de minha raça.
    Tu descendes deles, e de mim vieste.
    Com um primeiro golpe de espada trouxeste
    O belo ardor de tua juventude apaixonada
    E com este teste tua fama foi alçada.
    Apoio de minha velhice e coroa de minha felicidade,
    Meus cabelos brancos defendeste com hombridade.

EL CID: O HERÓI DA ESPANHA

Vem beijar a face que tu honraste.
Nunca te esqueças da vergonha que de mim tiraste.

DOM RODRIGO
De ti nasci, por ti fui alimentado.
Não poderia menos que por ti ter honrado.
Sinto-me inebriado e com a alma ferida;
Espero ter agradecido a quem devo a vida.
Mas não te percas em pensamentos
Caso eu deseje satisfazer meus sentimentos.
Sofrendo em liberdade, meu desespero aumenta.
A mim vosso discurso é mais que uma tormenta.
Não mr arrependo por te ter servido,
Mas peço-te que devolvas o golpe devido.
Para te vingar, meu braço ergueu-se furioso,
E minha alma feneceu com tal golpe glorioso.
Não digas mais nada. Por ti tudo perdi;
Aquilo que devia a ti eu já devolvi.

DOM DIOGO
Ergue aos céus o fruto de tua vitória:
Eu te dei a vida, e tu devolveste minha glória.
Para mim a honra é mais cara que a luz do dia:
Em dívida estou contigo por vencer a covardia.
Com o coração altivo remove essas fraquezas;
Há uma honra só, e várias mulheres pelas redondezas!
O amor é apenas um prazer. A honra é um dever.

DOM RODRIGO
O que estas me dizendo?

DOM DIOGO
Aquilo que deves saber.

PIERRE CORNEILLE

DOM RODRIGO
   Minha honra ofendida por mim agora quer vingar
   E tu insistes em que poderei o amor trocar!
   A infâmia é igual e sem nenhuma distinção.
   O guerreiro sem coragem é o amante sem coração.
   Não insultes a minha lealdade,
   Suporta-me generosamente sem leviandade.
   Meus laços são muito fortes, rompem-se jamais;
   Minha fé ainda me guia sem eu esperar por mais.
   E, não podendo deixar ir ou possuir Ximena,
   A morte que tanto procuro será a mais doce pena.

DOM DIOGO
   Não é tempo de a morte procurar.
   Teu príncipe e teu país precisam de ti para lutar.
   A frota que temíamos foi avistada no grande rio;
   Eles estão vindo, e o destino torna-se sombrio.
   Durante a noite os mouros descerão;
   Nossas muralhas e cidade eles saquearão.
   A corte está em desordem; as pessoas, alarmadas,
   Ouvem-se apenas gritos e preces amaldiçoadas.
   Em meio a este caos permito-me ter alegria:
   Quinhentos amigos meus encontrei em euforia
   Os quais, sabendo de minha afronta, sem demorar
   Vieram prontos para a minha vida vingar.
   Foste mais rápido, mas será melhor se aos tiranos
   Sujar tua mão com o sangue dos Africanos.
   Vai, segue para onde a honra te ordenar,
   És tu quem o grande exército irá liderar.
   Com velhos inimigos lutarás com sorte.
   Lá, se quiseres morrer, encontrarás a boa morte.
   Faz o que deve ser feito, aproveita a ocasião;
   Faz o rei dever a ti a sua salvação.

EL CID: O HERÓI DA ESPANHA

Mas volta carregando os louros da vitória.
Vingar a tua afronta limitaria a tua glória.
Vai, olha para a frente, mostra teu valor;
Dá a Ximena o silêncio e ao monarca teu pendor.
Se tu a amas, então volta vencedor:
É o único meio de reconquistar seu amor.
Mas o tempo é curto para com palavras gastar;
Meu discurso interrompo, pois o caminho deves tomar.
Vai! Vai combater e mesmo ao rei mostrar
Que, embora tenha perdido o conde, ele tem a ti para liderar.

Quarto Ato

CENA 1
(Ximena e Elvira)

XIMENA
   Elvira, tens certeza de que não é um rumor?

ELVIRA
   Não acreditarias se visses como o tratam com louvor,
   Erguem aos céus, em lágrimas copiosas,
   Desse jovem herói as façanhas gloriosas.
   Diante dele os mouros tremem sem pensar
   Com sua espada rápida e seus braços a lutar.
   Três horas de combate deixam aos nossos guerreiros
   Uma vitória completa e dois reis prisioneiros.
   O valor de seu líder rompe o perigo.

XIMENA
   Milagres foram feitos pelas mãos de Rodrigo?

ELVIRA
   Desses nobres esforços os reis são a recompensa,
   Vence-os com a mão e com sua força imensa.

PIERRE CORNEILLE

XIMENA
Sobre essas notícias, como podes tu saber?

ELVIRA
O povo o saúda sem mais sofrer.
Seu nome é alegria, um sinônimo encantador,
Dizem que é um santo, o seu libertador.

XIMENA
Mas o rei tem alguma indiferença?

ELVIRA
Rodrigo não ousa aparecer em sua presença.
Porém Dom Diogo, orgulhoso com os louros coroados,
Apresenta em nome do vencedor os reis capturados,
E ao generoso príncipe, em meio à guerra,
Pede que veja a mão que salvou esta terra.

XIMENA
Mas ele está ferido?

ELVIRA
Não soube de mais nada.
O que houve? Ficaste emocionada?

XIMENA
Minha cólera preciso urgente acender.
Não posso falar dele sem de mim esquecer.
Esses louvores meu coração consegue prever,
Minha honra está muda, e indefeso é o meu dever.
Silêncio, a raiva em meu coração desabou:
Venceu dois reis, mas meu pai ele matou.
Esses tristes sinais que orientam a minha dor
São as primeiras ações de seu grande valor.

EL CID: O HERÓI DA ESPANHA

Alguém cujo coração a grandeza exprime
Tem apresentado a totalidade de seu crime.
Ele, que restaura a força de meus ressentimentos,
Faz-me enxergar apenas sombrios ornamentos.
O que prescreveu com sua primeira vitória
Contra a minha paixão sustentou minha glória.
E assim meu amor, tomado pelo poder,
Fala ao meu espírito sobre meu triste dever,
Vencer sem o medo da mão triunfante.

ELVIRA

Senhora, modera o que dizes, vem aí a infanta.

—•—

CENA 2
(Infanta, Ximena, Leonor e Elvira)

INFANTA
　Não vim para consolar tuas dores;
　Vim para juntar meus suspiros aos teus dissabores.

XIMENA
　Toma parte da alegria que sente o povo,
　Prova da felicidade, desse sentimento novo.
　Senhora, ninguém além de mim pode suspirar.
　Rodrigo do perigo soube nos tirar.
　Seu braços trouxeram a todos segurança;
　Apenas eu resto sem esperança.
　Ele serviu ao rei e salvou a cidade,
　Porém seu braço valoroso me traz a fatalidade.

INFANTA
　Minha Ximena, é verdade as maravilhas que ele fez.

EL CID: O HERÓI DA ESPANHA

XIMENA

Porém nada disso me satisfez.
E ouço por todos os cantos o grito glorioso
Do bravo guerreiro e do amante desonroso.

INFANTA

Mas o que há de perverso nesse clamor popular?
O jovem Marte sempre soube como te agradar.
Ele possuiu tua alma e fez aquilo que ordenou;
Reconhecer seu valor é honrar o que tanto amou.

XIMENA

Todos podem clamá-lo com certo auspício,
Mas para mim cada novo elogio é um suplício.
Minha dor aumenta e perturba minha fé.
Lamento minha perda quando vejo o que ele é.
Ah! Sofrimento cruel ao coração de uma amante:
Mais eu vejo seu valor, mais sofro a dor dilacerante.
Porém, antes de tudo o meu dever é mais forte
E, apesar de meu amor, perseguirei sua morte.

INFANTA

Este dever te alçou ao esplendor.
O esforço que fizeste foi sublime e redentor.
Tão digno de um grande coração que a nobreza
Não deixou de admirar teu amor e tua pureza.
Mas irás acreditar no conselho
De uma amizade fiel?

XIMENA

Não te obedecer não me tornaria uma infiel.

PIERRE CORNEILLE

INFANTA

O que era certo ontem, hoje não é mais.

Rodrigo agora é esperança como jamais:

A espera do povo que tem por ele adoração,

Dos mouros o terror, de Castela a guarnição.

O próprio rei está de acordo com essa verdade,

Pois foi Rodrigo quem nos deu a liberdade.

Se quiseres, duas palavras mais posso lhe dar:

Ao perseguir sua morte, a tua ruína irá lapidar.

Para vingar um pai é permitida a solução

De empurrar tua pátria à beira da destruição?

Tua perseguição é legítima? Consegues discernir?

Pelo crime de teu pai, irá a todos punir?

Ao final de tudo, deverias esposar

Aquele que um pai morto te obrigou a acusar.

Eu própria gostaria que fosses desprovida

Deste amor, mas que nos deixasse enfim sua vida.

XIMENA

Ah! Não há tanto poder em mim.

O amor que me amargurou não tem mais fim.

Embora pelo vencedor pulse o meu coração,

Embora o povo o ame e o rei tenha por ele gratidão,

Embora esteja lutando bravamente contra os mouros,

Ao vê-lo verei murchar os seus louros.

INFANTA

É generoso quando, para um pai vingar,

Deve-se um tão caro amante matar,

Mas é muito mais ilustre e venerável

Quando põe o povo acima de um desejo infindável.

Acredita, isto basta para apagar a chama:

Ele será punido quando sentir que não mais o ama.

El Cid: o herói da Espanha

O bem desta terra impõe essa lei:
Achas que pensa diferente nosso rei?

XIMENA

Poderei me recusar, mas não posso me calar.

INFANTA

Pensa bem, minha Ximena, o que irás buscar.
Adeus! Fica sozinha, para pensar com atenção.

XIMENA

Após a morte de meu pai, creio ter perdido a razão.

CENA 3
(Dom Fernando, Dom Diogo, Dom Árias, Dom Rodrigo e Dom Sancho)

DOM FERNANDO
  Generoso herdeiro de uma família cercada de glória
  Que a Castela sempre trouxe o apoio e a vitória,
  Cujos ancestrais altivos e valorosos
  Fizeram-no sair da batalha já vitorioso,
  Não posso te recompensar por vencer;
  Tens mais mérito do que tenho de poder.
  Esta terra foi livrada de inimigo tão rude,
  Meu reino protegido por ti com tanta virtude,
  E os mouros, tão rapidamente derrotados,
  Sofreram a punição, foram dilacerados.
  São grandes façanhas que não dão ao rei
  Sabendo que tua envergadura não possuirei.
  Porém, dois reis capturados serão tua recompensa:
  Ambos o nomearam Cid em minha presença.
  Pois Cid em sua língua significa Senhor;
  Não invejarei título com tanto vigor.

EL CID: O HERÓI DA ESPANHA

Agora será El Cid, nome esse sem medo,
Que enche de terror Granada e Toledo.
Marcará todos que vivem sob a minha lei;
Muito me vale e muito te devo eu quanto rei.

DOM RODRIGO

Peço a Vossa Majestade minha vergonha poupar
Por tão frágil e pequeno serviço prestar
Forçando-me a corar diante de um rei.
Não mereço a honra por tão pouco que lutei.
Ao bem de vosso império dou meu último suspiro,
Ao sangue que me anima e ao ar que respiro,
E, se os perder e estiver caindo sobre a terra,
Certo estarei por travar humildemente esta guerra.

DOM FERNANDO

De todos aqueles que guerrearam para mim,
Foste aquele cuja coragem percorreu até o fim.
E, quando não existe valor em excesso,
Não terão atingido tanto vigor e sucesso.
Aceita o louvor de tão formidável vitória;
Peço que me contes então a verdadeira história.

DOM RODRIGO

Majestade, sabíeis diante de perigo tão urgente,
Que ameaçava a cidade de forma pungente,
Na casa de meu pai juntou-se um grupo valoroso
Querendo salvar-me de um fim tenebroso...
Perdoai-me, Majestade, por minha temeridade,
Pois tomei uma decisão sem a vossa autoridade.
O perigo aproximava-se, a brigada estava pronta,
Ergui minha cabeça diante da afronta,
Se porventura a perdesse em morte tão atroz,
A mim seria um deleite morrer ali por vós.

PIERRE CORNEILLE

DOM FERNANDO

Eu lhe perdoo pelo lapso em vingar tua ofensa.
O Império foi defendido, não há mais sentença.
Ximena agora pode continuar a falar
Que não a escutarei, irei apenas consolar.
Mas prossiga.

DOM RODRIGO

Então, atrás de mim a tropa avança
Carregando na fronte galhardia e confiança.
Ao partir éramos quinhentos; absorto
Vi chegar três mil diante do porto.
Marchamos, trazendo na face a ousadia:
Até os medrosos retomaram sua valentia!
Dois terços escondi; assim que chegaram,
Nas embarcações prontamente ficaram.
O resto, cujo número aumentava a toda hora,
Tomados de impaciência, partiram sem demora.
De bruços ficaram, sem fazer nenhum ruído.
A noite passaram com o peito revolvido.
Por meu comando a guarda o mesmo fez,
Com meu estratagema, aguardando a sua vez.
Ousadamente, fingi ter recebido a ordem de vós,
A qual segui e dei a todos, partindo após.
Com a obscura luz das estrelas pudemos ver
Trinta velas aportando, algo que nos fez tremer.
A onda aumentava e parecia nos dizimar,
O porto estava banhado pelos mouros e pelo mar.
Deixamo-los passar, surgia a tranquilidade.
Não havia soldados nem nos muros da cidade.
Nosso profundo silêncio fazia a mente ceder.
Não ousavam duvidar em nos surpreender.
Sem medo aportaram e foram descendo;
Na direção da cidade foram correndo.

El Cid: o herói da Espanha

Levantamo-nos, todos ao mesmo tempo,
E irromperam no ao céu mil gritos de tormento.
Os nossos nas embarcações responderam,
Surgiram armados e dos mouros se defenderam.
O terror os ceifou pela metade;
Antes de lutar, estavam perdidos e sem vontade.
Correram para pilhar, mas encontraram a guerra,
Empurramo-los para o mar, jogando-os na terra.
Fazíamos seu sangue correr como um rio.
Em cada face jazia o mesmo terror sombrio.
Apesar de nós, tão logo os príncipes apareceram,
Sua coragem renasceu e do medo se esqueceram:
A vergonha de morrer sem lutar
Interrompeu a desordem, e partiram a guerrear.
Impunham suas alfanges[2] contra nós;
Nossos sangues misturavam-se de modo atroz.
E, sobre a terra, o rio, a frota, o porto sem sorte,
Campos de carnificina onde triunfou a morte.
Céus, quantos feitos que jazem pelo chão,
Permanecendo sem glória, em meio à escuridão,
Cada um é a única testemunha de sua vitória,
Sem nenhum discernimento, sem nenhuma história!
Percorri as direções, encorajando-os cada um,
Fazendo-os avançar sem deixar nenhum.
Organizei-os, empurrando sem poder ver,
Conseguindo localizar-me só após o amanhecer.
Então, a luz do dia mostrou a nossa vantagem:
Os mouros, vendo a derrota, perderam a coragem.
Ver o reforço vindo a nos socorrer
Fez o ardor da vitória vencer o medo de morrer.

---

[2] Espada larga e curva, muito utilizada pelos árabes nas guerras durante a sua permanência na Península Ibérica. (N.T.)

PIERRE CORNEILLE

Subiram nas embarcações e partiram veloz
Lançando gritos de medo e injúrias a todos nós.
Correram em debanda, sem nem considerar
Se seus reis com eles poderiam estar.
Mesmo sofrendo, o medo era mais forte:
Rápido vieram e partiram sem sorte.
Enquanto os reis por nós inquiridos
Continuavam lutando, embora muito feridos,
Guerreavam em vão, entregando a vida.
Convidei-os a parar, sem ter a coragem vencida.
Armados com sabres, não escutavam, estavam fadados;
Porém, vendo a seus pés cair seus soldados
E que os poucos restantes em vão mantiveram-se,
Pelo líder perguntaram, apresentei-me, então renderam-se.
Os dois reis rapidamente enviei a vós.
E assim terminou batalha tão feroz.
Ao vosso serviço todos lutaram com fervor...

—•—

CENA 4
(Dom Fernando, Dom Diogo, Dom Rodrigo, Dom Árias, Dom Afonso e Dom Sancho)

DOM AFONSO
  Majestade, Ximena logo vem para exigir justiça!

DOM FERNANDO
  Notícia incômoda, inoportuno dever!
  Vai, não quero obrigá-la a te ver.
  Em vão será o meu agradecimento;
  Antes de saíres, vem, quero abraçar-te por um momento.

  (Dom Rodrigo sai.)

DOM DIOGO
  Ximena o persegue, mas também o quer salvar.

DOM FERNANDO
  Soube que ela o ama; quero ouvi-la explicar.
  Faze uma expressão de pesar.

CENA 5
(Dom Fernando, Dom Diogo, Dom Árias, Dom Sancho, Dom Afonso, Ximena e Elvira)

DOM FERNANDO
  Esteja feliz, Ximena,
  A justiça te deixará serena.
  Rodrigo, mesmo tendo os nossos inimigos vencido,
  Acaba de morrer pelos golpes desferidos.
  Dá graças ao céu, a tua ofensa terminou.
  (Dizendo a Dom Diogo)
  Vê como sua cor mudou.

DOM DIOGO
  Vê como ela empalidece por tal amor.
  Majestade, com esse desmaio, ela admite seu fervor.
  Sua dor traiu os segredos de seu coração.
  Não permitindo que duvidemos de sua afeição.

XIMENA
  O quê? Rodrigo está morto?

EL CID: O HERÓI DA ESPANHA

DOM FERNANDO
Não, não, ele vive com ardor,
Conservando por ti um inabalável amor.
A dor que sentes acalma com destreza.

XIMENA
Majestade, pálida estou de alegria e tristeza.
Excesso torna os prazeres contidos
Quando surpreende a alma, domina os sentidos.

DOM FERNANDO
Queres que em teu favor pensemos ser impossível?
Ximena, tua dor nos é muito visível.

XIMENA
Majestade, se quereis saber a causa de minha dor,
Dai ao desmaio o nome de meu amor.
Fui reduzida apenas por um desprazer:
Sua morte fez minha mente tremer.
Pelo bem desta terra, ele morreu por ferimentos.
Minha vingança murchou, traiu os sentimentos.
Uma morte tão bela me soa injuriosa.
Clamei por ela, mas não de forma gloriosa,
Não de forma tão altiva e reluzente,
Não carregado em um leito de honra insolente.
Que morra por meu pai, sem glória;
Que seu nome seja manchado, sem memória.
Morrer pelo país não é ter uma triste sorte;
É imortalizar-se com tão bela morte.
Amo sua vitória, mas não seu crime.
Libertou nossa terra, mas isso me oprime.
O mais nobre dos guerreiros venceu os mouros;
O líder coroado por tantos louros.

PIERRE CORNEILLE

E, antes de algumas palavras expressar,
Ele é digno da tortura por meu pai matar.
Céus! O que a esperança me fez dizer!
Rodrigo, de minha parte, nada tem a temer.
Minhas lágrimas não têm nenhuma crueza.
Para ele o Império é por si uma fraqueza.
Vosso poder tudo lhe permitiu ao dar abrigo.
Ele triunfou sobre mim, quanto ao inimigo.
O sangue derramado brada a impunidade;
Os crimes do vencedor revolvem em temeridade.
Vislumbramos a pompa e desprezamos as leis;
Seguiremos sua biga ao desfilar com os dois reis.

DOM FERNANDO
Minha filha, tua alma está cheia de violência.
Na balança da justiça pesamos a divergência.
Teu pai foi morto, e Rodrigo é o agressor,
Mas não o posso tratar com tanto ardor.
Antes de acusar-me de algo não fazer,
Consulta bem teu coração:
Rodrigo a qualquer coisa irá se submeter,
Seja por aquilo que pedir o rei,
Seja por aquilo que pedir a tua lei.

XIMENA
Ele é meu inimigo! Objeto de minha fúria!
Assassino de meu pai! Autor de minha penúria!
De minha vingança fazem todos pouco-caso.
Sem me ouvirem, fico relegada ao acaso!
Por negarem a justiça em lágrimas a mim,
Majestade, com as armas irei até o fim.
Pelo fato de com o crime me ultrajar,
Devo então a todo custo me vingar.

EL CID: O HERÓI DA ESPANHA

Aos vossos cavaleiros peço a cabeça do réu:
Quem a trouxer me terá como troféu.
Deixo-os combater até à morte! Oh, meu rei,
Com o vencedor que o derrotar, eu me casarei.
Que sob vossa autoridade o ato seja permitido.

DOM FERNANDO

Velho costume ainda estabelecido.
Com a ideia de punir um injusto atentado,
Já perdemos grandes combatentes do Estado.
Vem do abuso o sucesso dissipado
Que oprime o inocente e sustenta o culpado.
Eu nego Rodrigo; ele é muito precioso.
Não o irei expor a tal golpe tendencioso.
E, seja qual for seu crime,
Foi-se com os mouros aquilo que o coração oprime.

DOM DIOGO

Majestade, vós mudastes o arranjo das leis.
Diante da corte a regra mutilais!
O que pensará o povo com tal decisão?
Sob tal pretexto perderá ele a razão.
Não poderá ele esconder,
Quanto menos de tal ato responder.
Tais favores manchariam sua glória;
Que ele possa degustar os frutos de sua vitória.
O conde foi audaz e por isso castigado;
Rodrigo fez por honra, não sendo obrigado.

DOM FERNANDO

Como tu queres, darei o meu consentimento.
De mil guerreiros não há um com tanto reconhecimento.

Porém, o preço que Ximena prometeu ao vencedor,
Fará de todos os cavaleiros, inimigos sem pudor.
Seria muito injusto fazê-lo contra todos lutar;
Basta que ele escolha um com quem duelar.
Ximena, escolhe bem, com atenção,
Para depois nada mais me pedir sem razão.

DOM DIOGO
Não dá importância a quem entrar nessa miragem.
Deixa o campo aberto; ninguém terá coragem.
Depois das proezas que Rodrigo hoje fez,
Quem pensará poder surpreendê-lo desta vez?
Quem se aventuraria contra tal adversário?
Quem seria tão valente ou tão temerário?

DOM SANCHO
Abra o duelo para o cavaleiro insolente.
Ou sou muito temerário ou muito valente.
Concede essa graça ao ardor que me apressa.
Senhora, lembra-te bem qual foi a tua promessa.

DOM FERNANDO
Ximena, colocaste como prêmio a tua mão?

XIMENA
Sim, Majestade. Eu prometi.

DOM FERNANDO
Amanhã me darás razão.

DOM DIOGO
Majestade, façamos agora, sem dar vantagem.
Sempre está pronto quando se tem coragem.

EL CID: O HERÓI DA ESPANHA

DOM FERNANDO
Sair de uma batalha e combater de novo agora?

DOM DIOGO
Rodrigo está pronto a qualquer hora.

DOM FERNANDO
Após duas horas, quero tudo terminado.
Não quero disso um exemplo a ser utilizado.
São todos testemunhas de que lamento esta ocasião.
Esse tipo de duelo creio ser uma perda de razão.
De minha corte ou de mim não haverá presença.

(Dirige-se a Dom Árias.)

Dos combatentes julgarás a sentença.
Cuida para todos com justiça duelar.
Traz-me o vencedor quando tudo terminar.
Seja quem for, podendo livrar-se da pena,
Quero presentear com a mão de Ximena.
Recompensarei sua luta e sua vontade.

XIMENA
Céus! A mim impõe-se rígida lei, Majestade!

DOM FERNANDO
Tu reclamas, mas teu ardor pôs todos a duelar.
Se Rodrigo o vencedor for, aceitarás sem reclamar.
Agora basta de falar sobre esta situação.
Para aquele que vencer eu darei a tua mão.

Quinto Ato

CENA 1
(Dom Rodrigo e Ximena)

XIMENA
　Rodrigo, em pleno dia surges sem pudor?
　Tu me fazes perder a honra. Retire-te por favor!

DOM RODRIGO
　Irei morrer, senhora. Mas, antes de dizer adeus,
　Vim uma última vez para ver os olhos teus.
　Sob tua lei este imutável amor bradarei.
　Se não puder louvar-te, minha morte não aceitarei.

XIMENA
　Tu irás morrer?

DOM RODRIGO
　Sigo neste feliz momento
　Para livrar minha vida de teus ressentimentos.

XIMENA
　Irás morrer? Dom Sancho, embora formidável,
　Não conseguirá pôr fim à tua alma indomável.

PIERRE CORNEILLE

Quem te deixa fraco? Ou te põe forte?
Rodrigo, irás duelar pensando na tua morte?
Quem não temeu nem meu pai nem os mouros
Irá combater Dom Sancho perdendo seus louros?
Quando é mais necessário, tua coragem se abate?

DOM RODRIGO
Eu corro de meu suplício, e não do combate.
Minha coragem sempre soube, a cada ida,
Como rechaçar a morte e defender a vida.
Tenho o mesmo coração, mas não julgo vencer.
Lutarei em meu suplício por a ti dever.
Tal noite teria sido fatal para mim
Se tivesse combatido tudo até o fim.
Mas defendi o povo, meu país e meu rei;
Não os trairia, nem por tal lei.
Não odeia a vida meu espírito generoso;
Quis apenas impedir um fim tão desonroso.
Agora, para este momento guardei:
Pediste minha morte, então a ti darei.
Teu ressentimento escolhe outra mão
(Não merecia morrer pelo teu coração).
Nenhum só golpe irei pelejar,
Quem por ti combate, devo respeitar.
Feliz por pensar que és tu que sustenta,
Pois é a tua honra que a espada ostenta.
Irei até ele de peito aberto,
Adorando tua mão que me mantém desperto.

XIMENA
Se a justa violência vem de um triste dever,
Não disputarei tua morte e teu poder.
Rogo ao teu amor para não te entregar ao fim.
Defenda-te daquele que duela por mim.

EL CID: O HERÓI DA ESPANHA

Que esta cegueira não te deixe sem memória,
Que, assim como tua vida, está em tua glória.
E qualquer esplendor que tenhas vivido
Ao saberem que morreu, te julgarão vencido.
Tua honra é mais cara para ti do que eu;
Está embebida no sangue daquele que morreu
E te faz renunciar, apesar da força da paixão,
À doce esperança da minha possessão.
Porém, desta honra fazes caso sem pensar;
Não há como desistir, mas é preciso lutar.
Será que perdeste a própria virtude?
O que houve? Percebeste a própria finitude?
Céus! És generoso apenas para me ultrajar?
Perdes a coragem se não for a me insultar?
E tratas de meu pai com tanto rigor
Para perderes e outro ser o vencedor?
Vai, deixa-me persegui-lo se não queres morrer.
Ou defende a tua honra, caso não queiras viver.

DOM RODRIGO

Após a morte do conde e os mouros ter derrotado,
Minha glória deve ainda pender a algum lado?
Podes desdenhar do cuidado em me defender;
Sei que minha coragem pode tudo empreender.
Que meu valor tudo pode, e que abaixo do céu
Minha honra é para mim estandarte e troféu.
Não, neste combate tu queres acreditar
Que Rodrigo pode morrer sem a glória arriscar,
Sem que ousem acusá-lo de não ter valor,
Sem passar por vencido, sem sofrer o vencedor.
O povo dirá somente: "*Ele amava Ximena,*
Não quis viver, cumpriu sua pena,
Rendeu-se aos rigores da própria sorte
Forçando a amante a perseguir sua morte.

PIERRE CORNEILLE

Ela queria sua cabeça, não sabia o que fazer.
Aceitando ou recusando, ele iria morrer.
Para vingar sua honra, perdeu a querida,
Para vingar sua amante, perdeu sua vida,
Preferindo (qualquer esperança o condena)
Entregar a vida e a honra à sua Ximena".
Verás então que morrerei neste combate.
Minha glória e meu valor nada abate.
Esta honra seguirá minha morte por dever,
Que ninguém além de mim conseguirá fazer.

XIMENA
Tento evitar este teu insano furor.
Tua vida e tua honra não têm nenhum valor.
Se algum dia te amei, peço-te, caro Rodrigo,
Impede Dom Sancho de casar-se comigo.
Luta para libertar-me desta condição
De quem é objeto de minha aversão.
O que te dizer? Luta por teu destino
Tua vitória nada mais obstino.
Se por mim sentes algo em teu coração,
Sê o vencedor, de Ximena ganha a mão.
Adeus: palavra vergonhosa que me faz corar.

DOM RODRIGO
Existe algum homem que eu não possa dominar?
Já lutei contra navarros, mouros e castelhanos
E tantos outros mais guerreiros tiranos.
Contra todos combati com minha mão,
Contra ti perdeu o meu coração.
Nenhuma força poderá ser suficiente;
Sempre em ti repousará a minha mente.

CENA 2
(A infanta)

INFANTA
    Irei escutar-te, ó meu sangue real.
    Minha paixão se tornará um objeto fatal?
    Irei escutar-te, ó tão doce amor.
    Conseguirei lutar contra todo este ardor?
    Pobre princesa, perdida em seu dever,
    Diga-me: a quem devo obedecer?
    Rodrigo, teu valor é a mim uma lei,
    Mas, afinal, não és filho de um rei.
    Impiedoso destino, cujo rigor separa
    Minha glória de minha vontade.
    A predileção por virtude tão rara
    Custa à minha paixão a minha majestade.
    Ó céus! Quando acabará essa tempestade?
    Meu coração logo se prepara
    Para sofrer tormento longo e fulminante,
    Para extinguir-se o amor e apagar o amante.
    Mas é muito escrúpulo, sem ter razão.

PIERRE CORNEILLE

O desprezo por tão digna escolha, vereis,
Embora seja da realeza a escolha do meu coração.
Rodrigo, com honra eu viveria sob as tuas leis
Após teres vencido do inimigo dois reis.
Não te falta um cetro na mão:
A alcunha de Cid que acabas de ganhar
Não é o suficiente para poderes reinar?
És digno de mim, porém amas Ximena.
E este dom te fez me insultar.
Com a morte de um pai, arcou com a pena;
Que o dever do sangue te persiga com pesar.
Então, por ninguém irei esperar,
Pois deste crime nada te condena.
Para mim a punição continuou,
Pois o amor de dois inimigos perdurou.

CENA 3
(A infanta e Leonor)

INFANTA
    O que fazes aqui, Leonor?

LEONOR
    Vim felicitar-te, senhora,
    Pois agora tua alma poderá descansar.

INFANTA
    Como podes falar em descansar?

LEONOR
    O amor vive de esperança, mas ela o faz desmoronar.
    Rodrigo nada mais é do que uma miragem;
    É de Ximena que vem a sua coragem.
    Morrendo ou tornando-se seu marido,
    A esperança estará morta, mas teu espírito, protegido.

INFANTA
    Ah! O que me falta?

LEONOR

O que tu irás fazer?

INFANTA

De que esperança irias tu me defender?
Se Rodrigo combate sob essas condições,
Para impedir isto me faltarão invenções.
O amor, garboso autor de meus cruéis suplícios,
Aos espíritos dos apaixonados cria muitos artifícios.

LEONOR

Depois de um pai morto, muito não farias.
Criar discórdia entre eles conseguirias?
Pois Ximena nos mostra claramente
Que irá amá-lo eternamente.
Ela obtém uma luta ao seu lutador
Aceitará aquele que for o vencedor.
Não recorreu às mãos mais generosas;
Cujas façanhas foram as mais gloriosas
Escolheu Dom Sancho, que, embora formidável,
Lutará contra a espada impenetrável.
Ela ama essa sua pouca experiência,
Pois ele não tem fama nem influência.
E com essa facilidade deves ver
Em como ela procura forçá-lo ao seu dever
Entregando uma vitória fácil a Rodrigo,
Para no final tê-lo para sempre consigo.

INFANTA

Percebo isso e ainda em meu coração,
Para a inveja de Ximena, o tenho em adoração.
O que farei, ó grande tormento?

EL CID: O HERÓI DA ESPANHA

LEONOR

Lembra-te de teus primeiros intentos:
Tu és a filha de um rei!

INFANTA

Verdadeiramente de objetivo mudei.
Não amo mais o cavaleiro que vem a mim;
Não, ele não mais chama-se assim.
Se o amo, é por ser o autor de feito incrível.
Ele é o valoroso Cid, rei do impossível.
Portanto, hoje perco, não por medo,
Mas para não perturbar tão belo enredo.
E, ainda que o visse coroado,
Não desfaria o bem que o havia dado.
Hoje está certa a sua vitória.
Entrego-o a Ximena, com toda a sua glória.
E tu, que vês meu coração dilacerado,
Vem ver-me terminar como havia começado.

— · —

CENA 4
(Ximena e Elvira)

XIMENA
    Elvira, como estou sofrendo, quanta aflição!
    Não sei o que esperar! Chega a me faltar a razão.
    Nenhum golpe escapa, ouso apenas consentir.
    Arrependo-me de tudo, mas não posso sentir.
    Dois rivais por mim estão duelando,
    Porém ainda hoje por um corpo estarei velando.
    E não me importa aquilo que ordenar a sorte:
    Meu pai por vingar ou meu amante com a morte.

ELVIRA
    Por uma lado te vejo aliviada:
    Ou terás Rodrigo ou serás vingada.
    E, não importa o que a sorte te ordenar,
    Terás tua glória e um esposo para amar.

XIMENA
    Céus! Objeto de minha fúria ou meu inimigo?
    O assassino de meu pai ou de Rodrigo?

EL CID: O HERÓI DA ESPANHA

De ambos os lados terei um marido
Manchado com o sangue do preterido.
De ambos os lados minha alma se rebela.
Temo mais do que a morte o fim desta querela.
Vai, vingança, amor que a alma destrói,
Sai, leva contigo aquilo que o coração corrói!
E tu, poderoso motor do destino, coragem!
Termina esse combate sem nenhuma vantagem!
Não faze nenhum deles vencido ou vencedor.

ELVIRA

Seria tratar a ti com muito rigor.
Esse combate é um novo sofrimento
Por pedires justiça sem discernimento,
Por clamares a todo lado tal fúria incessante,
Perseguindo sempre a morte do teu amante.
Senhora, é melhor para ambos se tal nobre vencedor
O fizer ser coroado, impondo a ti um silêncio indolor.
Que estes suspiros sejam sufocados pela lei.
E que teus desejos sejam forçados pelo rei.

XIMENA

Se ele for o vencedor, pensas que me renderei?
Minha perda é grande, por ela sempre sofrerei.
Para a lei parece nada mais bastar
Além da vontade do rei e o ato de duelar.
Pode ele vencer Dom Sancho sem pena,
Mas não vence ele a glória de Ximena.
Se contemplar o rei com percalços e perigos,
Minha honra lhe fará outros mil inimigos.

ELVIRA

Por esse teu orgulho temais a punição.
Que o céu te livre dessa aflição.

PIERRE CORNEILLE

Céus! Tu queres recusar a felicidade
Em troca de honrar a tua vontade?
O que esperas? O que pretendes fazer?
Que a morte do amante impeça teu pai de morrer?
É pouco para ti tal golpe de má sorte?
Já não basta a dor, queres clamar a morte?
Vai, em tal capricho onde teu humor obstina,
Não mereces o amante que a vida te destina.
E veremos cair do céu o destino ruinoso
Ao dar Dom Sancho a ti como esposo.

XIMENA
Elvira, basta de aumentar minha dor,
De continuar ferindo tão funesto temor.
Se pudesse, a morte de ambos evitaria;
Se não, em combate a Rodrigo meus votos daria.
Não que meu desejo tenha outra direção,
Mas, se ele perder, é a Dom Sancho que darei a mão.
Desta apreensão faz brotar o meu desejo
Elvira, está feito. Ó infeliz, o que eu vejo?

— · —

CENA 5
(Dom Sancho e Ximena)

DOM SANCHO
   Trazer esta espada diante de ti é algo que me obrigo…

XIMENA
   Céus! Tu a trazes banhada com o sangue de Rodrigo?
   Abutre, como ousas mostrar isso a mim?
   Após de meu amor ter antecipado o fim?
   Deste fulguroso amor nada mais tenho a temer.
   Meu pai está morto, não há nada mais a me conter.
   Tal golpe salvou minha glória da iniquidade;
   Minha alma em desespero, meu coração em liberdade.

DOM SANCHO
   Tu não estás sendo razoável…

XIMENA
   Teu silêncio eu reclamo,
   Execrável assassino do herói que amo!

Apanhaste desprevenido guerreiro tão valente.
Jamais teria sucumbido de forma tão insolente.
De mim nada espere. Minha honra não foi servida.
Pensando vingar-me, tiraste minha vida.

DOM SANCHO

Se tentasses ao menos me escutar...

XIMENA

Queres que eu escute de sua morte vangloriar?
Que eu ouça tranquila tamanha insolência?
Está assinado meu crime e a tua prepotência!

CENA 6
(Dom Fernando, Dom Diogo, Dom Árias, Dom Sancho, Dom Afonso, Ximena e Elvira)

XIMENA
    Majestade, não há necessidade de vos dissimular
    Aquilo que meus esforços não puderam abafar.
    Eu o amei, sempre soubestes. Meu pai vinguei
    Entregando o meu amado diante de vossa lei.
    Vossa Majestade, podeis ver
    Em como fiz ceder meu amor ao dever.
    Rodrigo enfim está morto, e com ele morri.
    Mesmo implacável inimigo, tormentos sofri.
    Devo essa vingança a quem me trouxe à luz;
    De minhas lágrimas é o amor que me conduz.
    Dom Sancho me perdeu ao me defender
    Fui a recompensa de quem pudesse vencer!
    Majestade, se a piedade pode mover um rei,
    Peço a graça de revogardes tão dura lei.
    Perdi quem amava pelo preço da vitória.
    Ao vencedor entregarei tudo, junto a minha glória.
    Num claustro sagrado chorarei reclamante,
    Até meu último suspiro, por meu pai e meu amante.

PIERRE CORNEILLE

DOM DIOGO
Majestade, ela não pensa mais em crime;
Seus lábios falam de um amor que oprime.

DOM FERNANDO
Ximena, teu amante não morreu.
Dom Sancho mentiu sobre o que sucedeu.

DOM SANCHO
Majestade, não quis a ela desapontar,
Porém vim do combate para lhe contar.
O generoso guerreiro, de coração apaixonado,
"Não temas nada" disse ele ao deixar-me desarmado.
"Prefiro uma vitória contestável
A Ximena ver uma morte lamentável.
Porém, uma vez que o rei chama-me ao dever,
Depois do combate deixe-o te ver,
Leve a espada da parte do vencedor."
Majestade, assim o fiz. Ela, porém, sentiu horror,
Pensou ser eu o vencedor ao voltar.
E, tão logo sentiu fúria por amar,
Com tanta cólera e tanta impaciência,
Que não pude receber um segundo de audiência.
Embora derrotado, considero-me contente,
Apesar do interesse de minha paixão latente.
Infinitamente perdendo estou satisfeito,
Pois vejo o elo de um amor tão perfeito.

DOM FERNANDO
Minha filha, não deves corar por tão bela chama
Nem rejeitar aquele que tanto ama.
A vergonha tenta em vão te chamar;
De tua glória e teu dever não há o que contestar.

EL CID: O HERÓI DA ESPANHA

Teu pai está satisfeito, pois enfim foi vingado
Ao pôr Rodrigo tantas vezes ao risco prolongado.
Vês como o céu dispõe a vida em certa hora:
Tanto fizeste por ele, faça por ti agora.
Contra o meu comando não te irás mais rebelar:
Ordem minha a ti oferta um marido para amar.

CENA 7
(Dom Fernando, Dom Diogo, Dom Árias, Dom Rodrigo, Dom Afonso, Dom Sancho, A infanta, Ximena, Leonor e Elvira)

INFANTA
    Enxuga as lágrimas, Ximena, e recebe sem tristeza
    Este generoso vencedor das mãos de tua princesa.

DOM RODRIGO
    Majestade, desculpai-me se tiverdes por ofensa
    Ver-me aos pés de minha amada em vossa presença.
    Não venho aqui demandar minha vitória;
    Trago minha cabeça como sinal de memória.
    Senhora, meu amor estará livre para sempre
    Da lei do combate ou do rei a vontade premente.
    Se tudo isso ainda é pouco para te fazer crer,
    Diga outro meio que possa satisfazer.
    Se devo combater ainda mil e um rivais,
    Cruzar os dois extremos de terras mortais
    Ou se devo sozinho encampar uma guerra
    Como um dos gloriosos heróis que passam pela terra?

El Cid: o herói da Espanha

Se meu crime pôde finalmente ser lavado,
Ouso tudo empreender e ter tudo terminado.
Mas, caso a orgulhosa honra, sempre inexorável,
Não possa apaziguar sem a morte culpável,
Não armes contra mim teu poder em vão.
Estou aos teus pés, mata-me por tua mão.
Só tuas mãos têm o direito de vencer o invencível;
Toma a ti a vingança impossível.
Ao menos minha morte basta como herança.
Apenas peço: guarda-me na lembrança.
Pois minha morte conserva tua glória,
E o que me resta é apenas a memória
E dizeres, ao lamentar minha triste sorte:
"Se não me amasse, não teria encontrado a morte".

XIMENA

Levanta-te, Rodrigo. Devo admitir, Majestade,
Já muito falei para negar tal vontade.
Rodrigo tem virtudes que não posso odiar.
E, quando um rei ordena, não devemos adiar.
Mas por vós já fui condenada?
Aos vossos olhos não sofrerei com outro casada?
E, quando de meu dever quererdes uma solução,
Toda a vossa justiça será em vão?
Rodrigo ao Estado tornou-se necessário.
Pelo que fez por vós, devo ser seu salário.
Estarei presa a um juízo eterno
Ao enxugar as mãos com sangue paterno?

DOM FERNANDO

O tempo logo o legitimou e o exime.
De início parecia ser impossível sem um crime.
Ele ganhou tua mão, e tu serás de Rodrigo.
Teu valor foi conquistado ao derrotar o inimigo,

Pierre Corneille

Eu precisaria ser contra tua glória
Para não lhe dar o prêmio de sua vitória.
Este laço deferido não rompe nenhuma lei.
Sem perder mais tempo, tua mão lhe destinei.
Toma um ano, se quiseres, para tratar da tristeza.
Rodrigo, tu, porém, irás liderar o exército com firmeza.
Após ter vencido os mouros em nossas enseadas,
Subjugá-los, com suas armadilhas arrasadas,
Eu te enviarei até seu país para adiar a guerra,
Comandar meu exército e destruir sua terra.
Ao ouvirem o nome Cid, começarão a tremer.
Nomearam-no senhor e por rei irão te querer.
Pelos teus feitos continua sempre fiel a ela
Volta, se puderes, ainda mais merecedor de tua bela.
E por tuas façanhas torna-te cada vez mais virtuoso
Para que o laço perpétuo seja sempre afetuoso.

DOM RODRIGO

Por possuir Ximena e por lutar por vós
Meu braço seguirá num ímpeto feroz.
O que ausenta aos vossos olhos deverei suportar.
Majestade, pelas horas de glória poderei esperar.

DOM FERNANDO

Em tua coragem confia, assim como em minha promessa.
Possuindo já o coração da amante confessa,
Para vencer o medo que punge contra a lei,
Deixa o tempo seguir livremente, teu valor e teu rei.

Fim